ちくま新書

東北史講義【近世・近現代篇】

東北大学日本史研究室 編
Tohoku University Department of Japanese history

1713

東北史講義

近世・近現代篇

【目次】

はじめに

安達宏昭・籠橋俊光

「東北」とは、幕末から近代において作られた言葉である。その領域は古代以来の律令制国たる陸奥・出羽二国であるが、その領域の名称を「東北」と変更し、地方としての一体性を強調するような現象が発生していくのは、主には近代以降のことである。しかし、「東北」という言葉には時として単なる方位以上の、例えば「後進」や「周辺」としての意味が込められている場合が見られる。これは言葉だけの問題ではなく、東日本大震災の原発事故を起こした福島の発電所の電気が首都圏に送られていたことに象徴されるように、東北が日本の「中心」を支える「周辺」という構造は一貫して続いている。

それでは、どのように東北地方が「東北」となり、「東北」として展開していくのか、その歴史的過程を見ていくこと、これが『東北史講義』全二冊の目的の一つとなるであろう。なかでも本書は、東北の近世・近現代を扱うことで、まさに実際に「東北」の呼称と社会構造が展開していく時代を描写していくことになる。

本書では、このような問題関心のもと、近世・近現代の東北史を三つの視点から読み解くことしたい。一つには、中央との位置である。近世と近現代は、奥羽仕置と戊辰戦争という時の政権による軍事行動を契機として、それ以降中央の国家的枠組みのもとでの展開を見せることになる。そしてその展開とは、片や現在の東北六県の枠組みの原型を生み出し、片や中央に従属する東北地方の社会構造を定着させるものとして、それぞれに現代の東北地方に深く影響を与えている。

とりわけ東北地方の近世と近代を考える上で重要なのは戊辰戦争であろう。この戦争は、東北各地に戦闘の惨禍をもたらしただけではなく、中央から朝敵・敗者とされることにより、以後の東北地方の地位を規定するものとなった。結果として近現代の東北は、中央や太平洋ベルト地帯と言われる工業地帯に比して、工業化が進まず、むしろその労働力と資源を供給する「後進」的な地域として位置付けられてきたのである。

続いて注目されるのが、各地との交流である。古代・中世を通じて北上を続けた「境界」はこの時代には津軽海峡を越え、さらに外へと広がると同時に、その意味を諸外国と相対する国際的な「国境」へと変貌していった。

近世の東北地方は、海を通じて北方の異域・異国に対する防衛上の備えとして位置づけられ、特に一九世紀以降はロシアとの軍事的緊張と直面し続けた。その一方、その同じ海を通じて江戸・上方・蝦夷地と接続していた。諸大名の必要や幕府領の展開等、政治的な要因を契機としつつ、それにより開かれた列島各地との通路は、豊かな特産物を運ぶ動脈として機能し、なかでも米穀は列島の経済と江戸の食を支えていた。

近代に入ると、開港や鉄道敷設など交通手段にその変化を読むこともできるが、むしろ位置づけそのものが重要である。農村地帯として位置づけられた東北地方は、近世以来の首都圏への米穀供給地と位置づけられたが、度重なる災害や凶作による人口移動を招き、その行く先は国内外・植民地・「満洲国」など国境の先にまで拡大していった。さらに別の側面での国外拡大の例が、東北に設置された軍隊である。東北には陸軍第二師団と第八師団が置かれ、農村出身の兵士は強兵になるとの考えから、近代日本の数々の戦争で動員され、アジア・太平洋戦争では激戦地へと投入されていった。

三点目は、中央の影響力のもとでの地域の独自性である。近世においては、列島北部に相当の大きさの領国を持つ諸藩領が展開し、政治的にも文化的にもそれぞれに特色ある地域を形成していった。そのなかのいくつかは、現在の東北地方の多彩な伝統文化として根づいている。しかし華やかな文化的側面の一方で、列島北部に位置するがゆえの痛みとも直面し続ける。寒冷な気象に端的な影響を受けるのは他でもなく東北地方であり、その影響の甚大さは他の地方と比べて計り知れない。近世で繰り返される凶作・飢饉に対して、身分の上下を問わず東北に住む人々は向き合わされた。

この傾向は近代でも同様ないしはさらに拡大し、構造化されていくが、一方で県庁所在地等には近代都市の文化的要素が持ち込まれていった。仙台には第二高等学校や全国で三番目となる東北帝国大学が設置されて「学都」と呼ばれ、政治や学問の世界で多くの人材も輩出し、日本の近代化を進める役割を担うに至った。その一方、中央への従属の構造に対してそれを変革しようという動きも常に存在してきた。明治初期では東北開発が政府の大きな目標にすえられ、戦前では東北振興策がうたわれた。戦後も、一九五〇年代後半には東北開発が政府の重要施策となり、高度経済成長期にも新産業都市計画のひとつに選ばれ、重工業化が企図された。

以上の問題関心に基づいて、一七世紀初頭から今日までの東北の歴史を、全一五講の構成で述べていく。このような時代を通覧した東北史の試みは、豊田武編『東北の歴史』全三巻（吉川弘文館、一九六七～七九年）以来、おおよそ五〇年ぶりといってよく、さらに本書は『東北の歴史』と同じ、このたび一〇〇周年を迎える東北大学日本史研究室の創立記念事業として企画され、同研究室出身の若手・中堅研究者を執筆者とした。五〇年の研究の総括ともいうべき本書は、第1～4講で近世前期から幕末までの政治的な流れを踏まえた近世東北について叙述し、第5～8講で近現代東北の政治・経済・軍事の流れを概観する。さらに第9～11講では流通網の整備や藩主顕彰、飢饉への対応など近世東北社会の展開の諸相を、第12・13講では近現代の東北地方における社会や教育などの諸相を、特論として取りあげる。全体として『東北の歴史』に比して近現代の叙述に大きく紙幅を割いたことは、もちろん近年の研究状況を踏まえたことではあるが、本書の一つの意義とも考えている。最後に、第14・15講で現代の東北が直面する東日本大震災や災害に向き合う歴史学のスタンスを特論として据えることで、古代・中世篇、近世・近現代篇の二冊を通じて、歴史学と現代社会という課題ないしは東北史の未来への展望を示すものとしたい。

第1講

近世の幕開けと諸藩の成立

兼平賢治

†奥羽仕置への抵抗

全国統一を目前としていた豊臣秀吉は、天正一八年(一五九〇)、関東に勢力を誇った北条氏政・氏直父子を小田原城に包囲して屈服させた。小田原攻めである。ただし、これをもって秀吉の全国統一が完成したわけではない。秀吉は小田原攻めに際して奥羽の諸大名に出仕を求め、北条氏が降伏した後は、宇都宮、そして会津において、奥羽の諸大名に対する処置を断行した。これが奥羽仕置であり、ここに秀吉の全国統一が完成する。

臣従する意思を示すために、大名らは秀吉のもとに出仕して所領を安堵されるなどし、抗ったり領内の事情で出仕できなかったりした大名らは所領を没収された。そして、奥羽においても豊臣政権の検地と刀狩、城郭の破却が断行されることになるが、こうした支配を嫌って各地で一揆を起こす者たちが現れた。大規模なものとしては、検地に抵抗した出羽仙北・庄内一揆、所領を没収された葛西・大崎両氏の旧臣らが蜂起した陸奥葛西・大崎一揆、同じく和賀《わが》・稗貫《ひえぬき》両氏が旧臣らとともに蜂起した陸奥和賀・稗貫一揆などが挙げられる。

†九戸一揆と奥羽再仕置

奥羽における相次ぐ抵抗に、天正一九年(一五九一)、豊臣政権は豊臣秀次を総大将とする仕置軍を派遣して各地の一揆を鎮圧し、残るは九戸《くのへ》一揆となった。三戸(青森県三戸町)を拠点に勢力を拡大し、豊臣政権と早くから通じて所領を安堵され、大名としての地位を公認された南部信直と、新たな支配秩序が打ち立てられるなか、信直の家中に組み込まれることに抗った地域の実力者で、九戸城に拠った九戸政実との対立によって生じた一揆である。以前から南部家の家督をめぐって対立しており、信直が対応に苦心するなか、仕置軍がこれを鎮圧した。このことは、豊臣大名となった信直の大名宗主権確立のための梃入れにもなった。

一揆の後、奥羽に改めて仕置が断行された。奥羽再仕置である。このとき国替えを命じられた大名もいたが、注目すべきは、混乱に乗じて勢力拡大を図ったと疑われた伊達政宗が、長井・信夫・伊達郡を失うも葛西・大崎両氏の旧領を得て米沢から岩出山に移り、その政宗を、和賀・稗貫両郡を得た南部氏、そして最上氏、相馬氏が囲んでにらみを利かせる一方、奥羽全体の要として、政宗の旧領も所領に取り込んだ蒲生氏郷が会津に配置されたことである。氏郷は奥羽最大の石高を有し、「奥羽の押」としての役割を担うことになる。

†朝鮮出兵と「日本のつき合い」

こうして奥羽の諸大名は豊臣政権に組み込まれていくが、豊臣大名としての地位を公認された「御恩」に対し、「際限なき軍役」とも称される「奉公」が求められた。特に朝鮮出兵では、これまで奥羽の地域内で覇権を争っていた諸大名が、全国の大名らとの交際において、豊臣大名にふさわしい立ち振る舞いを要求されてもいた。

朝鮮出兵の前線基地となる肥前の名護屋にいた南部信直は、文禄二年(一五九三)、国許に送った書状で、「上方」の大名は、奥羽のような「遠国」の大名に対して「隣心」を抱いていると記している。さらに、「日本のつき合い」に恥をかけば豊臣大名としての地位を失うことにもなり、気遣いばかりの毎日だと述べている。この書状では、やり込められて恥をかいた津軽為信が、外出もままならずに引きこもっているとも記されていた(「南部信直黒印状」南部光徹氏所蔵文書)。信直と為信は渡海しなかったが、海外に渡ることなく「日本」を意識させられることになったのである。

†関ヶ原合戦前

慶長三年(一五九八)八月に秀吉が没して朝鮮から兵を引き上げると、豊臣政権の五大老の筆頭である徳川家康が力を蓄えていき、諸大名の様子を窺うように秀吉の置目に背く行為をとるようになる。例えば家康は、六男忠輝と伊達政宗の娘五郎八《いろは》姫との婚約を、許可なくまとめている。

一方、同じく五大老であった上杉景勝は、秀吉が没するより少し前、蒲生氏郷の跡を継いだ幼少の秀行が「奥羽の押」の役割を果たせないと判断されて宇都宮に移されると、越後から会津に入封した。この後、豊臣政権の内部抗争から関ヶ原合戦が起こるが、東軍を家康が指揮し、毛利輝元を総大将とする西軍には景勝が与する。奥羽の諸大名も、それぞれが築いてきた人間関係や政治的な思惑などによって、東軍あるいは西軍に属して争うことになる。

†関ヶ原合戦と奥羽

慶長五年(一六〇〇)、家康は上洛の要請に応じない景勝を討つため会津に兵を進め、奥羽の諸大名は上杉領を攻撃するため最上義光《よしあき》の指揮下に置かれたが(最上加勢)、石田三成が家康を糾弾する「内府違いの条々」を発して挙兵すると、家康は西上する。そして景勝の重臣である直江兼続は、攻勢に出て最上領に攻め込んだ。この時、義光の要請に応じて伊達政宗は援軍を送っている。そして関ヶ原合戦の結果が伝わると、敗れた西軍の上杉軍は撤退した。ちなみに、家康との関係を深めていた津軽為信は、美濃での関ヶ原合戦に参陣していたという。

こうした一連の動きのなかで、出羽の横手城に拠る小野寺義道は上杉氏に呼応して挙兵したが、最上氏をはじめとする出羽の諸将の攻撃を受け、また、徳川方との和睦を期待する上杉氏からの援軍も得られぬまま城を明け渡した。小田原に参陣して所領を安堵され、肥前名護屋、九戸一揆にも参陣して軍役を果たしたが、江戸時代を迎える前に改易となった。

陸奥では最上加勢のために出陣した南部利直の留守を狙って和賀忠親が蜂起し岩崎城（岩手県北上市）に籠ったが、帰国して軍勢を整えた利直によって鎮圧された。和賀・稗貫一揆の後も抵抗が試みられていたのである。この和賀氏による一揆を扇動したとの疑念を持たれた政宗は、家康からのいわゆる「一〇〇万石のお墨付き」を反故にされることにもなった。

†江戸開府と奥羽大名

関ヶ原合戦後の戦後処置として、奥羽の諸大名の国替えが断行された。津軽・南部両氏に変更はなく、西軍に属した常陸の佐竹氏が秋田に転封となる一方、東軍の最上氏は大幅に加増され、伊達政宗は岩出山から仙台に城下を移すことになる。不戦により一旦は改易となった相馬義胤だが、旧領を安堵されて政宗を牽制した。また、上杉氏が減封されて米沢に移ると、蒲生氏が再び会津に入封した。後述するが、この後、最上氏と蒲生氏は家中騒動が発生して改易となるが、最上氏の旧領には山形・新庄・庄内の三藩が立藩し、蒲生氏が去った会津には、加藤氏を経て、山形で「奥筋押」(『会津藩家世実紀』第一巻)を担っていた家門大名の保科正之が入封し、引き続き「奥羽の押」の役割を担った。これが、奥羽の大名配置の基本となる。

慶長八年(一六〇三)、征夷大将軍に任官して江戸に幕府を開いた徳川家康と、同一〇年、家康が隠居して大御所となり将軍職を継いだ秀忠は、奥羽の諸大名に江戸城の普請をはじめとする軍役を課している。上洛では大御所家康が西国大名に対する軍事指揮権を行使する一方、奥羽の諸大名を含めた東国大名に対しては将軍秀忠がこれを行使した。それは、いまだ大坂城に豊臣秀頼がおり、豊臣恩顧大名が多い西国大名については、天下人の家康がにらみを利かせる必要があったからである。また、武家諸法度の先駆となる同一六、一七年の大名誓詞三ヶ条も、西国大名が署名したものと東国大名が署名したものとが提出されている。奥羽の諸大名では、上杉景勝(米沢)、伊達政宗(仙台)、佐竹義宣(秋田)、蒲生秀行(会津)、最上義光(山形)、南部利直(盛岡)、津軽信枚《のぶひら》(弘前)の七名が署名していた。

†一国一城令

豊臣政権の五大老の立場にあった徳川家康は、征夷大将軍に任官することで新たな政権を打ち立てて、関白を頂点とする豊臣政権から抜け出した。そして、天下人として諸大名を臣従させ実力を蓄えていった結果、慶長二〇年(一六一五)の大坂夏の陣で豊臣秀頼を攻め滅ぼす。

この時、豊臣方についた大名は皆無であった。この年、改元して元和となる。

豊臣氏を滅ぼした家康は、同年、秀忠の名で元和の武家諸法度を制定するとともに、幕府年寄連署奉書で一国一城令を伝達する。西国大名と東国大名との違いは、ここにも現われる。一国一城令は、領国に大名の居城を残し、ほかの支城の破却を命じたものだが、その幕府年寄連署奉書は西国大名宛てのものしか伝わらない。このことから、その対象は西国大名だったと考えられている。こうした違いが生じた背景には、西国に豊臣恩顧大名が多く配置されていたことに加えて、大坂の陣まで築城ラッシュのような状況にあり、堅固な石垣の惣構えの城が造られていて、それに家康が不快感を示していたことも関係している。

一方、奥羽の諸大名の諸城は中世以来の山城などが多く、しかも常陸から出羽の秋田に移封となった佐竹義宣は、久保田城を築城するにあたり、石垣を築く技術を持ち合わせていなかったという。こうした城や技術の違いも、一国一城令の適用範囲に影響を与えていた。

ただし、義宣が自ら支城を破却しているように、東国大名もその影響下にあったと考えられている。しかし、その支城の破却でも、秋田藩には大館城と横手城が残された。ほかにも盛岡藩には花巻城、仙台藩には白石城が残り、最上氏が改易となって山形・庄内・新庄の三藩が立藩した際、いずれも最上氏とその重臣の城を居城（庄内藩は居城のほか亀ヶ崎城を支城とする）としたように、奥羽は一国一城とは異なる状況にあった。

大名の城に対する幕府の干渉は、元和の武家諸法度によって修補を許可制としたことにも現われる。これに違反したとして元和五年(一六一九)に改易となった広島藩の福島正則は、当初、津軽への減転封を命じられたが、その後、転封先は信濃の川中島に決まった。

†奥羽の馬と鷹

ところで、豊臣秀吉は鷹を好み、主従関係に基づいて大名らに鷹を献上させるとともに、鷹の産地である松前と日向、さらに奥羽では津軽の鷹を独占した。そして、松前と津軽の鷹の京都への輸送を、奥羽の諸大名を含む輸送路にあたる大名らに課すことで、彼らを豊臣政権の権力体系のなかに取り込んでいった。豊臣政権は鷹を政治利用していた。

奥羽は鷹ばかりでなく、古代以来の馬産地としても知られ、中世においては名馬の産地である糠部《ぬかのぶ》郡(青森県東部から岩手県北部)の「糠部の駿馬」や「戸立の馬」が武士の垂涎の的であった。武家の棟梁の条件として、良馬の産地を掌握することが指摘されるが、征夷大将軍に任官しようとする家康、そして嫡子秀忠は、武家の伝統に則り、幕府を開くよりも前から、糠部郡をその所領に含む南部領(盛岡藩領)に「御鷹御馬御用」の役人衆を頻繁に派遣して(『譜牒余録』)、松前・奥羽の鷹とともに南部馬の確保に意を注いでいた。

この「御鷹御馬御用」の役人衆の派遣は、幕府による公儀御馬買衆(主に盛岡・仙台・秋田藩で購入）と公儀御鷹師衆（公儀御鷹匠衆とも、松前・弘前・盛岡藩にそれぞれ派遣）の派遣へと続く。諸大名からの馬の献上はあったが、毎年わざわざ役人衆を派遣して購入し確保するのは、盛岡藩の南部馬と仙台藩の仙台馬だけであった。なお、南部馬の産地である盛岡藩には、秋から冬にかけて大名や旗本らも馬買役人を派遣していた。そして、松前の鷹を求めて大名や旗本らが派遣した鷹匠も往来した。公儀御鷹師衆の派遣は慶安三年（一六五〇）まで、公儀御馬買衆の派遣は元禄三年（一六九〇）まで続いており、一七世紀の奥羽が、馬買や鷹師（鷹匠）を介した武家領主階級の交流・交際の場となっていたことにも注目したい。

†家中騒動と「奥羽の押」

奥羽諸藩のこの時期の改易として注目されるのは、元和八年（一六二二）の山形藩最上氏、寛永四年（一六二七）の会津藩蒲生氏の改易である。どちらも主従関係が安定せず、家中騒動が生じていた。近世初期の主従関係は、いまだ実力次第で下剋上の可能性が残されており、仕えるべき主君を求めて渡り歩く武士がいたり、重臣のなかには旗本に取り立てられて将軍直臣となるものもいた。そうしたことから、重臣らにとって大名家の改易が、自家の滅亡と必ずしも同意とは認識されていなかった。

蒲生氏郷や最上義光は、戦国乱世を生き抜き、大名としての「器量・器用」を持ち合わせ、重臣らとも強い主従関係で結ばれていたが、幼少の跡継ぎが相続した後は、家中をまとめることができなかった。蒲生氏は先述のとおり一旦は会津に復帰するものの、その後は家中としてまとまる前に崩壊し、藩主忠郷が無嗣のまま亡くなると改易となった。最上氏の場合、幕府は義光の孫義俊の改易を回避するため、将軍の「上意」で藩主の盛り立てを命じたものの重臣らはこれを拒否し、最終的に改易となっている。幕府が積極的・政略的に介入して大名家を取り潰そうとしていたという従来の御家騒動像、大名改易像とは異なるところにも注目したい。

蒲生氏が去った会津には加藤嘉明が入封するも、その子明成は領内仕置がうまくいかず、また重臣とも対立して寛永二〇年（一六四三）に改易となり、その後は山形藩から保科正之が入封することで「奥羽の押」としての保科松平氏が幕末まで会津藩を支配することになった。最上氏が改易となった山形藩領には三藩が新たに立藩したが、それぞれの居城が最上氏やその重臣の城であったように、近世初期の重臣は城を構え自らの軍団を有して、大名に対し一定の独立性を保持していた存在であり、大名の側はそうした重臣らを統率する「器量・器用」を持ち合わせていなければ、家中をまとめ上げることは困難だったのである。

†元和飢饉と寛永飢饉

江戸時代の飢饉については享保・天明・天保の三大飢饉が有名だが、全国規模で発生した最初の飢饉である一六四〇年代はじめの寛永飢饉にも注目する必要がある。また、奥羽においては元禄飢饉と宝暦飢饉のほか、元和初年に被害をもたらした元和飢饉もあった。

元和飢饉の被害状況を伝えるのは元和二年（一六一六）の盛岡藩主南部利直の黒印状（『図説　盛岡四百年　上』所収写真）で、百姓ばかりでなく給人までもが餓死に及ぶなか、「百姓等」を「一日も助け」るように事細かなことにいたるまで指示している。藩主自らが対応にあたっているように、この時期は藩主直仕置の段階にあった。

利直と同じような危機に全国の幕藩領主らが直面したのが寛永飢饉である。飢饉が全国規模で発生し、年貢を納める百姓が餓死するに及んで、彼らの生活基盤を整える必要性を全幕藩領主が実感する機会となった。このとき幕府は、飢饉奉行を設けて大名領内の飢饉対策にも細かな指示を出している。このことは、幕府が大名領内の仕置にも介入し全国支配を強める契機にもなった。先述した会津藩主加藤明成は、寛永飢饉における仕置のまずさが改易につながったとの指摘もある。当時の大名にとって寛永飢饉は、大きな試練であった。

†証人制度と奥羽諸藩

江戸時代の人質といえば、江戸藩邸に置かれた大名妻子をすぐに思い浮かべるだろう。豊臣政権下でも奥羽の諸大名は「足弱衆」と呼ばれた妻子の在京が求められていた。しかし、江戸時代には、早くは慶長期から寛文五年（一六六五）まで、大名の重臣やその子弟らが人質（＝証人、陪臣質人）として江戸に参勤していた。これを証人制度という。

証人制度をめぐっては、先述のように大名に対して一定の独立性を保持していた重臣らから幕府が人質を取ることで、大名への反乱を防ぎ、大名権力の確立に梃入れしたものだと評価される。そして、重臣らが藩政に取り込まれて家老となったとき、証人制度は不要となり寛文五年に廃止されたと説明されている。しかし、慶長・元和期に証人の提出を求められていた大名は主に西国の有力外様大名であり、奥羽諸藩に注目すると、群を抜いて規模が大きい仙台藩伊達氏は慶長期から証人を提出しているものの、武家諸法度の先駆けとなる大名誓詞三ヶ条に署名した伊達氏を除く盛岡藩南部氏、秋田藩佐竹氏、白河藩丹羽氏、米沢藩上杉氏は、寛永一五年（一六三八）の家光政権による有力家臣・証人改めが行われた翌年から証人を提出するように求められている。弘前藩津軽氏はわずかに早く同一四年からであるが、これは、幕府から蝦夷（狄）に対する防備を期待され、「北狄の押」を自認することになる弘前藩で、前年まで家中騒動が発生していたことが関係していよう。

†直仕置から家老政治へ

これまで提出していなかった奥羽諸藩にも証人制度が適用された背景としては、寛永一四、一五年の島原・天草一揆を受けて、家光政権が幕府に対する反乱に対し、全国の大名の軍隊を「公儀の軍隊」として機能させるために、軍団の長でもあった家老レベルまで掌握する必要があったことが挙げられる。また同時に、寛永一二年の武家諸法度で参勤交代が制度的に運用されるようになり、大名が国許と江戸とを一年交代で往復するようになると、藩では藩主直仕置から大名の留守も預かる家老を中心とした政治に移行することになったから、藩政の要となる家老を掌握する意図もあったと考えられる。証人は江戸に参勤して将軍に御目見し、その威光を直に体感することで、幕府に対する臣従を深めたのである。幕府は全国を支配するにあたり、大名だけでなく家老らとの間にも軍事・政治両面で依存できる関係を構築する必要があり、証人制度はその役割を果たした。そして、将軍の威光を体感し臣従を深めた重臣の子弟らが父の跡を継いで家老となったとき、もはや証人は不要となり証人制度は廃止されるのである。

†殉死の流行

主従関係とは本来、個人と個人との属人的な関係に基づくものであった。江戸時代はじめの多くの武士たちはそのように観念していた。その属人的な関係を象徴するものに、流行までした殉死がある。殉死は亡くなった主君の後を追い、家臣が腹を切ってあの世でも奉公を遂げようとするもので、追腹とも呼ばれる。奥羽諸藩では仙台藩初代藩主伊達政宗と二代忠宗に対する殉死者が数の多いことで知られ、殉死者に殉死する又殉死者もいた。政宗は乱世を生き抜いた武将でカリスマ性を有していたから、彼から恩を蒙った家臣からすれば生涯仕えるべきは政宗個人であって、そう簡単に忠宗に奉公の対象を切り替えることができなかったのである。

政宗に殉死する者を引きとめようとした忠宗だが、自身が没したときにも殉死者が出て、三代藩主綱宗を悩ませてもいた。このように、属人的な主従関係は、個人と個人との関係においては強固であるが、他方で代替わりを迎えると不安定化する危険性をあわせもっていた。安定した主従関係を構築するには、代替わりの危機を克服する必要があったのである。

†殉死禁止令と剃髪

そこで幕府は寛文三年(一六六三)に殉死禁止令を出した。殉死者を出すと、亡くなった藩主の「越度」とされるだけでなく、跡継ぎも処罰されることになったのである。実際に同八年に殉死者を出した宇都宮藩奥平氏は、山形藩八万石に減封転知となっている。藩主が亡くなっても家臣は新藩主に奉公すべきものとされ、主従関係のあり方は、個人と個人との属人的な関係から、主家と従家との永続的な関係に転換し、安定化が図られたのである。

ただし、禁止された殉死にかわり、亡き主君の菩提を弔うために剃髪が行われたことにも注目したい。仙台藩五代藩主伊達吉村は遺言のなかで、自分のために剃髪を望むだろう家臣の名前を挙げてもいる。主従関係が人間同士の関係である以上、属人的な要素は完全に排除できないし、仙台藩では剃髪しても髪が生えそろえば藩政に復帰させているように、主従関係を不安定化させない範囲において、属人的要素も重んじられていた。そのことは、将軍や藩主の側近が職制に位置づけられ、幕政や藩政において用人・側用人が登場するところにもみてとれよう。

一七世紀のパラダイムシフト

一七世紀における「人」から「家」へというパラダイムシフトの後は、「家」重視のなかで「人」がいかにあったのかに、もっと関心がむけられてもよいだろう。四代藩主伊達綱村は墓を霊廟から石牌に簡素化し、吉村はそれを「永ク御家之例ニ」することも遺言に記しているように(『大日本古文書　伊達家文書之六』)、「御家」の永続を重んじる一方、そうしたなかで藩主らが「個人」の意思を表現し個性を発揮して、藩政に反映させている事実にも注目したい。

独立性を保持していた重臣らが大名「家中」に取り込まれて「家老」となり、藩主直仕置から家老合議制に移行して藩政が確立するが、そのなかで「個人」よりも「家」(「御家」)を優先し、個人の「器量・器用」よりも「家筋」や「家格」を重視する価値観が定着していく。一方で、「家」の存続を不安定化させない範囲において、「個人」の個性や能力も発揮されながら、新たな段階を迎えた藩政が展開することになるのである。

参考文献

朝尾直弘『朝尾直弘著作集　第三巻　将軍権力の創出』岩波書店、二〇〇四年
在原昭子「江戸幕府証人制度の基礎的考察」『学習院大学史料館紀要』第二号、一九八四年
大藤修編『渡辺信夫歴史論集1　近世東北地域史の研究』清文堂出版、二〇〇二年
兼平賢治『馬と人の江戸時代』吉川弘文館、二〇一五年
兼平賢治『近世武家社会の形成と展開』吉川弘文館、二〇二〇年
高埜利彦『元禄・享保の時代』集英社、一九九二年
高橋充編『東北近世の胎動』吉川弘文館、二〇一六年
浪川健治『近世日本と地方社会』三省堂、一九九二年
野口実『武家の棟梁の条件――中世武士を見なおす』中央公論社、一九九四年
長谷川成一『近世国家と東北大名』吉川弘文館、一九九八年
長谷川成一『北奥羽の大名と民衆』清文堂出版、二〇〇八年
福田千鶴『幕藩制的秩序と御家騒動』校倉書房、一九九九年
福田千鶴『江戸時代の武家社会　公儀・鷹場・史料論』校倉書房、二〇〇五年
福田千鶴編『新選　御家騒動』上、新人物往来社、二〇〇七年
藤井譲治『江戸開幕』集英社、一九九二年
藤田覚『近世史料論の世界』校倉書房、二〇一二年
三宅正浩「会津領主加藤明成改易をめぐる諸認識」『福島大学人間発達文化学類論集』二〇号、二〇一四年
三宅正浩『近世大名家の政治秩序』校倉書房、二〇一四年

第２講

藩政の展開と藩主

清水翔太郎

†奥羽諸藩の一八世紀

本講で対象とする一八世紀は、「小氷河期」とされるように、世界規模での寒冷化がみられ、日本、さらには奥羽地方もその影響を大きく受けた。特に一八世紀半ばから一九世紀初頭にかけての寒冷化は著しく、天候不順に起因した凶作が発生した。奥羽諸藩は寛延の飢饉（一七四九・五〇年）、宝暦の飢饉（一七五五・五六年）、天明の飢饉（一七八三・八四年）において、人為的な要因も絡んで大きな被害が生じた。一八世紀の奥羽諸藩は共通して藩財政の悪化に直面し、年貢米を江戸・大坂に廻漕、販売して利益を得る廻米に依存した財政構造にあった。飢饉時にも廻米は行われ、それにより藩内の食糧米が不足し、飢饉の被害が拡大したのである。

一八世紀の奥羽諸藩では、藩財政の悪化、さらには飢饉被害による領内の荒廃などの問題に一七世紀に確立した制度では対応できず、藩政改革が行われた。ただし、奥羽諸藩においても太平洋側と日本海側、あるいは北奥羽と南奥羽などそれぞれの地域特性により飢饉の被害状況も異なり、藩政の展開も多様である。そこで本講では、奥羽諸藩の中でも秋田藩佐竹家の事例から、一八世紀における藩政の展開を論じる。その際注目するのは、藩主の政治関与の実態である。一七世紀における藩制の確立により藩主は権威化し、政治を家老以下、役人に委任するようになったとする見方もある。一方で一八世紀半ばになると、藩政の混迷の中で、藩財政の再建、藩校の設立と学問奨励による人材登用に主軸を置いた藩政改革が進められ、米沢藩主上杉治憲（鷹山）のように「明君」とされた藩主も現れる。天明の飢饉後に藩主となった弘前藩主津軽信明《のぶはる》や秋田藩主佐竹義和《よしまさ》も、後に「明君」とされた。ただし、「明君」として理想化された藩主像と実像が必ずしも一致するとは限らない。そこで本講では「明君」に限らず、イメージ化された藩主の実像に迫るため、藩政の展開の中で藩主の政治的位置を論じる。

本講で事例とする秋田藩主は中世以来の名門佐竹氏で、外様国持大名の格式であった。藩領は秋田、山本、河辺、仙北、平鹿、雄勝の六郡と下野国河内・都賀郡の内、一一村を合わせて石高二〇万五〇〇〇石余りであった。初代藩主佐竹義宣は関ヶ原合戦時に日和見の態度をとったため、慶長七年（一六〇二）、徳川家康に先祖伝来の常陸国から出羽国に転封を命じられた。義宣は久保田城を新たに築き、そこを拠点に秋田藩佐竹家は一二代藩主義堯《よしたか》に至るまで、江戸時代を通じて存続した。本講では三代藩主義処《よしずみ》の晩年、元禄期における藩制の確立を起点に九代藩主義和期における藩政改革の開始までを扱う。

†一八世紀初頭にかけての秋田藩政

初代藩主佐竹義宣は、秋田移封に際して旧領主の支配領域の安定化のため、佐竹一門をはじめとした大身家臣を城将として要衝に置いた。支配が安定してくると、義宣は城の破却と家臣の久保田城下への移住を進めたが、元和六年（一六二〇）に将軍徳川秀忠から大館城と横手城の存続を許された。これらの城と院内（秋田県湯沢市）、湯沢、角館（秋田県仙北市）、檜山（秋田県能代市）、十二所（秋田県大館市）には、館構えとして佐竹一門や大身家臣が引き続き在住し、所預《ところあずかり》と呼ばれた。そのため領内には小城下町が形成され、現在でも佐竹北家が支配した角館などにその面影が残されている。家臣が領地支配を担う地方知行制が江戸時代を通して維持されたのも秋田藩の特色の一つで、仙台藩や盛岡藩と同様である。

久保田城下に居住した家臣は、義宣の頃には、その専制的な権力のもと、主君の命令に応じて役割を担うことが多かったが、二代藩主義隆から三代藩主義処にかけて藩庁機構の整備が進むと、官僚制に包摂され、職務規程に基づく役割を果たすようになる。

義処は寛文一二年（一六七二）に藩主となったが、その治世の前半には、評定所が新設され、機構の整備が進められた。これ以前は家老の私宅において合議が行われたが、月番家老が評定所に出勤し、月に三回、家老と奉行等による評定が行われるようになった。一方で義処は、藩の収入の多くを占めた鉱山資源、森林資源の枯渇に伴う藩財政悪化への対応にも迫られた。延宝三年（一六七五）には家臣の年貢収入を藩財政に組み込む、知行借り上げが始まり、常態化していく。職制整理も進められ、天和三年（一六八三）には郡奉行・惣山奉行・作事奉行が廃止され、貞享二年（一六八五）に財政を担当する本方奉行が新設された。

義処の晩年にも、後の秋田藩政の展開を規定する重要な政策が実行された。その一つが古記録の収集と修史事業である。元禄九年（一六九六）には、家臣の「家」に伝来する系図、古文書＝権力者の発給した文書（綸旨・御教書・証文など）、日記などの提出を命じた。翌一〇年には、岡本元朝を文書改奉行に任命し、久保田城内の安楽院に文書所を設置して家臣の先祖の由緒書上の提出を命じた。さらに常陸における旧記の調査も進め、家中から差し出された文書は真贋判定の上、所蔵者ごとに「諸士文書」としてまとめ、現在「秋田藩家蔵文書」として秋田県公文書館に収蔵されている。義処が始めた修史事業は五代藩主義峰《よしみね》の治世、享保九年（一七二四）に『佐竹系図』、享保一二年に『佐竹家譜』が完成し、成果を収めた。

このような家中の由緒、先祖の功績調査に基づき、元禄一五年に家臣の家格序列が確立した。これを座格制といい、引渡《ひきわたし》、廻座《まわりざ》、諸士の序列が設定された。引渡、廻座には常陸以来の佐竹家の分家や重臣の約八〇家が該当し、これらの階層から家老が選出された。なお、引渡には佐竹の苗字を名乗り、北・東・南・西の称号を与えられた苗字衆四家（一門）も含まれた。四家は家老職に就くことはなかったが、東家は久保田城下にあって藩主の政務を補佐し、北家は角館、南家は湯沢、西家は大館に所預として配置され、非常時に久保田城下に出府して藩政に関与することもあった。

機構の整備も進められ、元禄一四年には家老、三奉行（町・勘定・本方）等の合議機関である会所が久保田城内に設置された。会所における合議が藩政運営の中心となり、三奉行に実務を担わせることで藩政の機能強化が図られた。そして家老は実務よりも会所を総括する役割を担うことになった。

義処の晩年に至り、藩政の合議機能が強化されたのは、元禄一二年、義処が六三歳の時、二九歳の世嗣義苗《よしみつ》を亡くしたことが影響していたものと考えられる。義苗の没後世嗣となったのは、六歳の義格《よしただ》であり、その幼少相続が現実味を帯びる中で、藩主の器量に左右されない制度が完成した。こうした制度の確立により、一八世紀前半の藩主は藩政運営に主体的というよりは、むしろ家老以下の諸役人にその運営を委ねるようになり、家老を中心に義処の定めた先例を基準として、政治・社会状況に適応した制度改革が進められる。

†享保の改革

四代藩主義格は元禄一六年、一〇歳で父義処の後を継ぎ、正徳五年（一七一五）に二二歳で病没した。義格の治世は短かったが、会所が機能したことで藩政は安定していた。また文書所が久保田城二の丸に移設され、文書管理の充実化も図られた。一方で宝永元年（一七〇四）から幕府手伝普請（利根川・荒川筋の堤防工事）もあり、財政難はさらに進行していった。

義格には子がなく、五代藩主には分家大名壱岐守家の嫡子義峰が就いた。三代義処は元禄一四年、幕府の許可を得て弟壱岐守義長に二万石を新田分知し、庶兄義寘《よしおき》の子式部少輔義都《よしくに》にも一万石を新田分知して分家大名家を創設した。義処は遺言で義長を義格の後見役としていたことから、自らの死後を見据えて、分家大名による藩主後見体制を固めるとともに、藩主家の血統維持を図ったといえる。義処が没してから一二年後に義長の嫡子義峰が藩主家を相続し、それが現実のものとなったのである。

義峰が家督相続して間もなく、江戸屋敷では火災が頻発してその再建の費用が嵩み、義峰の婚礼もあり、江戸における出費が増大した。財政再建のため、義峰は享保六年（一七二一）に今宮義透《よしすく》を家老に登用し、改革政治を進めた。義峰は藩政に主体的に関与せず、今宮が改革を主導することとなる。

享保一〇年には会所が政務所と改められ、本方奉行は廃止された。今宮は初代藩主義宣が財政まで専決していたことを根拠として、本方奉行の有した財政に関する権限を義峰に戻すことを主張し、この機構改革を正当化した。しかし現実には義峰がその権限を発動することはなく、今宮が専決する体制であった。今宮は義処が確立した会所政治を否定し、義宣の政治手法を先例として、奉行らの権限を家老のもとに集約したのである。寛延元年(一七四八)に今宮が失脚すると、後任の家老たちは、今宮の力量に依存して運用されていた政務所を運用することができず、職制整理も個々の役人たちの業務量の増大につながった。そのため義峰の晩年には会所の再興が検討され、七代藩主義明に代替わりした後、宝暦六年(一七五六)には本方奉行が再設置され、三奉行体制の会所が再興された。

享保期には八代将軍徳川吉宗によって上米の制が行われており、藩主義峰は半年江戸に滞在し、その後一年半国許に滞在したので、これ以前の藩主より久保田城で政務をとった期間は長かった。その一方で義峰は領内巡見をせず、領民に姿を見せることは少なかった。歴代藩主の事蹟を編年体で記した『佐竹家譜』には、藩主の寺社参詣や鷹狩りなどの記述があるが、義峰については城下近郊の村に建てた休所の訪問に限られる。義峰は倹約のために外出を控えたとも考えられるが、先代義格は正徳三年に領内巡見で盛岡藩との藩境十二所まで赴いているので、領内巡見をしない初めての藩主であった。この後、藩主の領内巡見は八代義敦の時期まで約半世紀にわたり途絶える。

義峰に代わって領内巡見を行ったのは今宮であった。享保一二年、今宮は領内を巡見し、さらには領内村々の状況調査を行った。これは村の生産高を把握し、年貢収入を確実に得るための方策であった。また今宮は地方知行制を抑制し、藩庁への権限集中も図ったとされるが、実現出来ず、財政再建も果たせぬまま失脚した。

†銀札仕法事件と藩政の混迷

一八世紀前半を通して秋田藩では財政再建が模索されたが、解決策を見出すことはできなかった。そうした中で七代藩主義明《よしはる》の治世には、銀札仕法が実施された。銀遣であった秋田藩は、銀札を銀貨と交換できる兌換紙幣として領内に流通させる一方で、銀貨の回収を図った。そうすることで、江戸屋敷などでの支出を補填しようとしたのである。宝暦四年(一七五四)、幕府から銀札発行の許可が下り、翌年から藩内で発行された。しかし銀札の紙幣としての信用性は低く、価値は下落する一方で、銀札仕法は当初から領民の支持を得られず、混乱が生じた。

宝暦五年と翌六年、秋田藩内は宝暦の飢饉により米価は高騰し、領内は銀札流通の影響もあり、激しいインフレーションに陥った。さらに翌七年には、美濃国の茶商人との間で銀札の兌換をめぐるトラブルが生じ、幕府勘定奉行所への訴訟沙汰となった。藩は兌換と茶商売を保証することで訴訟を示談にし、他国商人との取引には正銀を用いることにした。

仕法の失敗が明らかとなる中で、国許の家老は仕法をめぐり対立を深めていった。推進派の山方助八郎・梅津外記に対して、反対派の石塚孫太夫・岡本又太郎は一門東家当主佐竹義智・

北家当主佐竹義邦と組んで主導権を握っていった。石塚らは角館から義邦を呼び、久保田の東家の屋敷で内談をし、推進派の家老を藩政から退けた。東家は久保田城下にあり、藩主の政務を補佐し、家老合議にも加わったが、東家当主のみでは対応できない非常時にあって、北家当主も藩政に関与したのである。

こうした状況の中で義明は参勤を終えて国許に下向したが、義明と江戸から随行した家老らが問題としたのは、銀札仕法による領内の混乱ではなく、反対派の家老と一門が義明の許可なく藩政運営を主導した点であった。そのため義明は銀札反対派に謹慎を命じた。しかし、経済の混乱により銀札仕法を継続できないのが実情であり、反対派を否定することはできなかった。そこで北・東家当主と反対派家老は赦免され、一転して銀札推進派が仕法の失敗を理由に処罰された。家老山方や銀札奉行らが切腹を命じられるなど、罪に問われたものは四十余名に及んだ。この銀札仕法事件は秋田騒動あるいは佐竹騒動とも称されるが、秋田藩において唯一の家中騒動であり、脚色されて『秋田杉直物語』として全国的に知られるところとなった。

事件の処理は北家義邦が主導し、その上で東家義智と家老らが合議して最終的に義明が決定した。そこでは藩主義明の意思が反映されることはほぼなく、銀札仕法の反動もあって、義処期の先例を重んじた「旧式」の政治により、分裂した家臣団の「一和」が図られた。義明は事件の翌年に病没し、嫡子義敦が幼少相続したが、義敦の幼少期には北家義邦が久保田に滞在し、家中への伝達文書を作成するなど、藩政の中枢を担うこととなる（『北家御日記』）。

同時期の弘前藩では、宝暦三年から儒学者乳井貢《にゆういみつぎ》による宝暦の改革が行われ、米切手と標符（通帳）の発行による領内貨幣の掌握が目指されていた。秋田藩と同様に藩財政再建のために積極的な政策が進められたが、宝暦の飢饉の影響もあり、経済的混乱が生じて改革政治は頓挫している。

†八代藩主佐竹義敦の時代

八代藩主義敦は、その雅号曙山《しよざん》として、西洋画法を取り入れた絵画作品、いわゆる秋田蘭画を多数残したことで知られる。田沼時代、宝暦・天明文化と呼ばれる新たな文化を享受した大名の一人である。義敦の蘭画制作の片腕だったとされる家臣小田野直武も『解体新書』の挿絵で名の知れた人物である。小田野は、安永二年（一七七三）に鉱山の産額増大のために秋田藩に招かれた平賀源内に西洋画法を学んだとされ、小田野を中心に藩主義敦や家臣による秋田蘭画のサロンが形成された。義敦は安永七年に『画法綱領』と『画図理解』と題した西洋画論を記すなど、二〇代後半から三〇代前半の時期に当たる一七七〇年代は、蘭画制作に情熱を注いだ時期であった。では義敦は藩政にどのように向き合ったのか、藩主としての実像に迫ってみたい。

義敦は父義明が宝暦八年に病没した時、わずか一一歳で、江戸上屋敷で生活していた。藩主は一連の成人儀礼を終えた後、将軍から国許への初入部を許可される。義敦の場合は明和二年（一七六五）、一八歳の時のことであった。銀札仕法に失敗した後、秋田藩財政は悪化の一途を辿り、財政の健全化は急務の課題としてあった。また一七四〇年代から頻繁化した凶作の影響で、村社会は疲弊し、百姓の欠落により無符人高と呼ばれる耕作人不在の土地が増加した。義敦は村の荒廃対策を行い、百姓の生活維持、すなわち百姓成立を図りつつ、藩財政の根幹となる年貢収入の安定化を図らなければならなかった。

義敦は国許に入ると、自らの目で領内の状況を確認するため、藩領北部の能代までの巡見を家老に提案した。しかしながら、家老は財政難の折に領民へ負荷をかけ、「上之思食違」、すなわち藩主の判断ミスと捉えられることを危惧したため、実現しなかった（『国典類抄』第一〇巻）。能代への巡見は明和六年に実現するが、この時には義敦の弟で部屋住の義方《よしかた》がともに国許に下向し、巡見にも同道した。義方は兄が天明五年（一七八五）に病没し、甥の義和が幼少相続すると、国許に下向して政務を代行する。その際にこの経験が生かされる。

明和四年、義敦は二度目の下向時に職制改革に乗り出す。宝暦六年に久保田城外に再興された会所は、用所と改められて城内に移された。その上で義敦は郡奉行の再設置を立案する。郡奉行は天和年間に職制整理のため廃止され、その後、代官が地域行政の中核となる時期が続いていた。六代藩主義真《よしまさ》の時に一時復活したが、職務規定も定められず、特段成果を得ないまま短期間で廃止された。

義敦は郡奉行再設置を立案し、職務内容を一三か条にまとめて家老に提案した。郡奉行には配下の役人の任命権を付与し、地域行政を主導する役割を義敦は期待したが、家老と用所の役人は多くが反対した。役人たちは長く途絶えている役職の再興には慎重であり、特に成果が出なかった場合に、義敦の判断ミスと捉えられ、その権威に傷がつくことが危惧された。家老と役人の意見により、積極的な政策は回避されたのである（『国典類抄』第一五巻）。

藩政に主体的に向き合い始めた義敦は、百姓成立を主軸に領民の生活を保障する仁君として、その支配制度を改めることを志向した。いわば銀札仕法の失敗により失墜した仁政の建て直しへの意欲であった。しかしながら国許では銀札仕法事件の余波もあり、家臣と領民の反応を慎重に見極め、銀札仕法のように藩主の判断ミスによって藩政への不満が高まることは回避しなければならなかった。こうした状況の中で家老や役人たちは慎重な判断をしたため、義敦の意向は通りにくい政治構造になっていたのである。義敦は気が短く、頻繁に家老を罷免したとされるが、積極的な政策を志向する義敦とそれにブレーキをかける家老との意向の違いによるものだったとも考えられる。

この後、明和九年（一七七二）には江戸上屋敷と中屋敷が火災の被害を受け、安永七年（一七七八）には久保田城本丸が焼失するなど、これらの再建費用の捻出が秋田藩に重くのしかかった。幕府からの拝借金などを得て再建工事が進められた一方で、天明元年（一七八一）からは天候不順の影響で不作が続き、天明三年から四年にかけて石高の大部分を損耗する事態となった。奥羽諸藩が甚大な被害を受けた天明の飢饉により秋田藩領でも餓死者が多数出た。こうした非常事態の中で、先例に基づく政策では対応が困難になっていく。

義敦の晩年には、天明の飢饉の影響も受けて積極的な政策も見られるが、藩政の混迷に終止符を打つことはできなかった。天明四年には「十三割新法」が発令され、藩の蔵入地と家臣の知行地の年貢収納法を統一することで、地域支配体制の改編が模索された。しかしながら、領民や大身家臣の反発を受け、この新法は二か月後に実行に移されることなく撤回された。残された課題は子の義和の治世に引き継がれた。

†佐竹義和と寛政の改革

九代藩主佐竹義和は藩政改革を主導した「明君」の一人とされることもあるが、米沢藩主上杉治憲（鷹山）が江戸時代から「明君」として広く知られたのに対し、義和は明治時代以降、旧藩士らの顕彰によって知られるようになった。義和の治世は文化一二年（一八一五）までおよそ三〇年に及ぶが、ここでは寛政期の重要政策について取り上げる。

天明五年に義敦が病没した時、義和は一一歳であったため、江戸で生活していた部屋住の叔父義方が国許に下向して、寛政三年(一七九一)まで政務を代行した。義方は兄義敦とともに国許で生活し、領内巡見をした経験もあった。そこで得た知見も基にして、寛政元年の義和初入部に向けて、藩校「学館」(後に明徳館)の設立と職制改革の方針を練り、寛政改革の路線をつくったと考えられる。寛政元年に設立された「学館」は学問奨励の拠点となり、そこで学んだ中下級家臣の登用が一九世紀には進められる。

寛政元年には財政難に対応するため、勘定方の機能強化を図った職制改革も進められた。勘定奉行は用所に持ち込まれた訴訟への対応も担ったが、これが過重な負担となっていたため、新たに設置された評定奉行の職務とした。さらに久保田城本丸に新たに勘定所を設置し、勘定奉行はそこで財政に関わる職務に専念させた。勘定奉行は中長期的な財政への対応を行ったのに対し、財用奉行を新設して月々の収支を勘定奉行に報告する体制が構築された。

寛政七年には郡奉行が再設置されて、地域支配体制の改革も進められた。六郡に一人ずつ郡奉行を置き、郡内には数か所ずつ役屋を設置し、そこには郡方吟味役と郡方見廻役を常在させた。こうして義敦の治世から模索された地域行政機能の強化も実現した。

義和は寛政六年以降、領内巡見を行い、文化八年の仙北郡巡見は『千町田記』と題した紀行文にまとめている。義和が巡見で重視したのは、孝子・老農の表彰であった。これまでの藩主とは異なり、義和は領民を教化する仁君として領内に姿を現したのである。

寛政期に新設、あるいは再設置された奉行職には、「学館」で学んだ中下級家臣が就き、近年の研究では改革派官僚として注目されている。義和は藩政における改革派官僚の役割を重視し、それに不満を持つ重臣層と中下級家臣の家格争論においても後者を重んじる姿勢を示す。一九世紀の秋田藩は改革派官僚と位置付けられる行政集団を改革主体として、内憂外患に対応していく。

参考文献

金森正也『藩政改革と地域社会――秋田藩の「寛政」と「天保」』清文堂出版、二〇一一年
菊池勇夫『東北から考える近世史』清文堂出版、二〇一二年
小関悠一郎『上杉鷹山』岩波新書、二〇二一年
塩谷順耳・冨樫泰時・熊田亮介・渡辺英夫・古内龍夫『秋田県の歴史』山川出版社、二〇〇一年
浪川健治編『明君の時代』清文堂出版、二〇一九年
成瀬不二雄『佐竹曙山』ミネルヴァ書房、二〇〇四年
根岸茂夫「元禄期秋田藩の修史事業」『栃木史学』第五号、一九九一年
長谷川成一『弘前藩』吉川弘文館、二〇〇四年
渡辺英夫『シリーズ藩物語　秋田藩』現代書館、二〇一九年
『秋田県史　第二巻　近世編　上』一九六四年

第3講

社会の変容と諸藩

天野真志

†混迷する社会――「内憂外患」との対峙

文化一四年(一八一七)、陸奥国相馬中村藩主相馬益胤《ますたね》は大規模な政治改革を宣言する。後に「御厳法」と呼ばれるこの改革は、多大な借財で破綻寸前にあった藩財政の転換を掲げ、厳しい倹約を始め抜本的な対策の実践を領内に布告する(『相馬藩政史』上)。大規模な新田開発もピークを過ぎ、社会全体が成長から停滞へと転化する一八世紀後半以降、各地の諸藩は膨張した経済の再建が求められていた。

天明期から天保期にかけて、奥羽地域は各地で飢饉を経験する。凄惨な被害をもたらした飢饉の背景には、天候不順といった自然現象だけでなく、江戸市場に大量の穀物を供給し、領内の備蓄を整えなかったという人為的な問題も指摘される(菊池・二〇〇三)。目先の利益を優先させ、領民の生活維持を怠ったことへの批判は各所で起こり、政治のあるべき姿が問われることになる。さらに、寛政四年(一七九二)のラクスマン来航以降課題となったロシアとの関わりは、奥羽諸藩に新たな対応を迫る。日本との通商を求めて来航したロシア使節が、要求を拒否した幕府に対する報復としてエトロフ島へ攻撃を行うと、日露間は深刻な緊張状態に陥る。文化四年(一八〇七)、襲撃の報を受けた箱館奉行は、即座に警備強化のために秋田・弘前・盛岡・庄内各藩に出兵を要請し、翌年には仙台・会津藩も動員されることになる。その後、秋田藩では箱館出兵を契機に幕府からの軍事動員が常態化し、北方の備えとして持続的な海岸警備が行われたといわれるように(金森・一九九二)、異国船の来航と紛争を経験するなか、各地で海防体制の構築が検討されていく。

†藩政改革と学問受容

一八世紀後半頃より、諸藩の多くは藩政改革を推進する。冒頭の相馬中村藩に象徴されるように、この時期の藩政改革は、飢饉等による農民層分解や財政の窮乏化など、危機的な状況下にある藩政の打開策として打ち出された(藤田・二〇〇二)。典型的な取り組みとして知られる米沢藩は、九代藩主上杉鷹山のもとに政治改革が進められる。この改革では、漆・楮の植林といった殖産政策や米・特産物の生産力増加を目指した農村政策など多岐にわたるが、一連の施策に通底するのは、民の生活の安定を基本とした「富国安民」という理念であった。米沢藩は、藩財政の再建のみを追求するのではなく、国(藩)の基本となる「御国民」全体の利益を目指し、遊惰に流れがちな領民や金銭的利益を優先視する家臣団の風俗統制にも力を注ぎながら、「富国安民」の実現に向けて改革を進めていった（小関・二〇二一年）。

米沢藩における改革主導層が「菁莪《せいが》社中」と称する儒学の学習グループを基盤としていたように、当該期の藩政改革における主導者層による学問受容が注目されている。その背景として、一八世紀後半頃から全国的に進展する武士教育が挙げられ、武士を対象とした教育施設が急速に拡大する。大規模開発や経済政策に基づく政治路線に限界が生じ、社会不安が広がり政治に対する不信感が醸成されつつあるなか、学問に基づく新たな政治を模索する動きが各地で活性化する。幕府は寛政の改革において文教政策を推進し、昌平坂学問所を官学化して幕臣教育を大規模に展開したが、幕府の政策に連動するかたちで、諸藩でも藩校の設置・整備が急速に進められた。

奥羽地域でも、一八世紀後半から一九世紀にかけて立て続けに藩校が設置されている。秋田藩を例にとると、九代藩主佐竹義和が家督を相続し、秋田に初入部した寛政元年（一七八九）に藩政改革が開始される。この改革では、郡奉行の設置に代表される農村支配機構の改編など、積極的な制度変革が遂行されたが、重要政策のひとつとして藩校の設置が進められた。寛政元年に藩校の設立を布告した秋田藩では、翌年に「学館」が落成する。寛政五年（一七九三）に明道館（のちに明徳館と改称）と名付けられた藩校は、「時務」を担いうる「人材教育」が目的

『日本教育史資料』にみる奥羽地域の藩校設置状況

設立年	西暦	校名	藩	設立時の当主	
寛文期		日新館	会津藩	保科正之	
元文 1	1736	養賢堂	仙台藩	伊達吉村	
宝暦期		施政堂	平藩	安藤信成	明治 2 年に佑賢堂と改称
宝暦期		養老館	守山藩	松平頼融（頼寛ヵ）	
安永 5	1776	興譲館	米沢藩	上杉治憲	
天明 6	1786	長善館	亀田藩	岩城隆恕	
天明期		明徳堂	三春藩	秋田倩季	
天明期		明倫堂	新庄藩	戸田正諶（正良ヵ）	
天明期		修身館	本庄藩	六郷政速	明治期に総教館と改称
寛政 1	1789	明道館	秋田藩	佐竹義和	文化 8 年に明徳館と改称
寛政 8	1796	稽古館	弘前藩	津軽寧親	
享和 2	1802	経誼館	山形藩	水野忠元	のちに立誠堂と改称
文化 1	1804	致道館	庄内藩	酒井忠徳	
文化 6	1809	天輔館	上山藩	松平信行	天保期に明新館と改称
文化 14	1817	敬学館	二本松藩	丹羽長富	
文政 5	1822	育英館	中村藩	相馬益胤	
文政 5	1822	徴典館	松前藩	松前章広	
文政 8	1825	修道館	白河藩	阿部正篤	
文政期		学校	八戸藩	南部信真	
天保 13	1842	明義堂	盛岡藩	南部利済	文久 2 年に作人館と改称
天保 14	1843	致道館	湯長谷藩	内藤政民	
天保期？		経学教授所	黒石藩	津軽順承	
嘉永 5	1852	汲深館	泉藩	本多忠徳	
安政期		日新堂	矢島藩	生駒親道	

（『日本教育史資料』1 より作成）

として明示され（『御亀鑑』六）、以後秋田藩の学問・教育を担う拠点として機能していく。さらに秋田藩は、寛政七年から一一年にかけて、久保田城下詰以外の家中や陪臣の教育施設として各地に郷校を設置する。そこでの成績優秀者は藩校での学習が許され、場合によっては藩校教員に就任することもあり、学問を修めることで立身する可能性が拓かれていた。

†藩校教育と人材登用

藩校教育によって進められた人材育成は、優秀な家中を藩政に関与させる契機でもあった。いわゆる人材登用の基盤としての教育政策である。秋田藩では、金森正也が明らかにしたように寛政期以降多くの人材が藩校から輩出され、藩の政治改革を担っていく（金森・二〇一一年）。

一例として、秋田藩士平元貞治を挙げてみたい。文化七年（一八一〇）に久保田城下に生まれた平元は、若年より藩校に学び、天保五年（一八三四）より藩校職員として秋田藩の教育活動を担った人物である。藩校に勤めて以降、平元は教育のあり方について上層部にいくつかの意見書を提出している。平元曰く、藩校は「御政事」の基礎にあるべき存在であり、学問政策の目的は人材育成、その成否は「学風之隆替」次第であるという。そのため、多くの家中が学問を志すための工夫が必要で、藩主臨席による試験を実施して成績優秀者を表彰し、さらに優れた人物は藩の役職に登用するなど、家中が学問を修める目的を明確に示すことを提言する。

しかし、その後の秋田藩政は悪化の一途をたどり、藩は財政難への対応として各所で経費削減が進められた。その影響は藩校にも及び、教員の人員整理が求められようとしていたが、これに対しても平元は危難の時代における学問の重要性を主張する。すなわち、歴史を紐解いてみても、「飢寒疾疫困窮」の時こそ学問を尊び教化を徹底することで危機を乗り越えてきたものであり、秋田藩でも「教導」を広めて風俗を整えるために、人員削減どころかむしろ学者の定員を増やすべきと唱えている。平元にとって、危機に直面する藩政を建て直すには学問を修めた人材の政治関与が肝要であり、そうした人材供給の拠点として藩校の充実が不可欠と捉えていた（『平元貞治　献芹録』東北大学東北文化研究室、二〇一五年）。

このように、当該期の秋田藩では学問を機軸とした社会変容への対応が模索され、藩校教育による人材育成が積極的に試みられた。天保飢饉に伴う財政的危機に際しても、平元の意見に象徴されるように、課題解決の糸口として学問や藩校での活動が求められ、最終的に藩校職員が整理されることはなかった（『秋田県史　文芸・教学編』）。やがて平元も、藩校での教育活動に従事する一方で藩の要職を歴任し、幕末期の秋田藩政を支える存在となる。

ところで、一八世紀後半頃から各地で会読と呼ばれる討論形式での学問活動が広く浸透していく。前田勉は、競争をともなう会読などが武士に学問を促す効果をもたらし、幕府の昌平坂学問所が寛政期に会読を採用したことも相まって、全国各地の藩校でも会読による学問活動が

平元貞治「献芹録」(秋田県公文書館蔵)。自らの経験を子孫へ伝える目的でまとめられた同書は、藩校運営から幕末動乱期の対応まで、平元が藩へ提出した意見書を中心にまとめられる。

広がったと指摘している(前田・二〇一二)。秋田藩校でも輪読や会読による議論重視の学問活動を採用しており、習得した知識を用いた議論の展開や実践が目指されていた。

慢性的な財政難や度重なる飢饉に直面した諸藩では、現状を打破するための基盤として学問・教育に注力し、育成した人材を藩政に登用することで諸課題を乗り切る活路を見出そうとする。秋田藩でも多くの人材を藩校から輩出し、やがて藩政を担う存在へと飛躍していく。

†遊学と交流

藩校を拠点とした教育政策において重要となるのは、教育を施す指導者の存在である。儒者細井平洲を招聘した米沢藩のように、多くの諸藩では、高名な儒者を招いて藩内における教育基盤の確立を模索している。相馬中村藩でも、安永二年（一七七三）に尾崎称斎《しょうさい》、安永八年（一七七九）に井上金峨《きんが》といった儒者を城下に招聘しているが、後に創設した藩校・育英館では彼等の薫陶を受けた儒者である海東駒斎《かいとうけいさい》や亀田綾瀬《りょうらい》が中核的な存在となり、藩の教育政策を支えていく。

学者の招聘と並行して行われていたのが、遊学である。とりわけ幕府の昌平坂学問所には全国各地から人材が派遣された。江戸に派遣された書生は、学問所儒者に師事するとともに書生相互の交流関係を形成し、そこで蓄積した知識や交流網を各藩にもたらすことになる。

相馬中村藩に錦織晩香《にしごりばんこう》（良蔵）という人物がいる。文化一三年（一八一六）に中村城下で生まれた晩香は、天保一四年（一八四三）に昌平坂学問所に遊学し、そこで古賀侗庵に師事しつつ、安井息軒や林鶴梁《かくりょう》、藤田東湖、橋本左内といった多くの知識人と交流関係を築いていく。

相馬中村藩に戻った晩香は、藩校育英館の中核的存在として家中教育を行っていくが、晩香が遊学中に構築した交流網は、藩の諸政策においても注目されていく。特に、当該期に各地で懸案となっていた海防政策は、晩香の交流網を活用した対応が模索される。ロシアとの紛争以降、各地では海岸線の防備体制構築に向けた対応が議論され、相馬中村藩でも天保期以降本格的に対策が検討される。海防整備に向けて相馬中村藩では、異国船対策の貴重な先行事例として水戸藩に注目し、同藩との接触を試みるが、その仲介的役割を担ったのが晩香であった。安政二年（一八五五）二月、晩香は同年に水戸藩弘道館教授に再任された会沢正志斎を訪ねて水戸へ赴き、相馬中村藩の海防政策について意見を求める。当時、藩内の用務に加え、各所からの来客を多く迎える会沢は多忙を極めたが、それでも晩香と面会し、相馬中村藩の異国船対策について意見を交わしている。会沢は、「天嶮」と「土着の郷士」を利用した相馬中村藩の方針を「天下ニ稀成」防御として「激賞」し、海防関係者を交えて水戸藩の海防政策を詳細に紹介するなど、晩香を手厚くもてなしている（『相馬市史』第五巻　資料編Ⅱ　近世1、二〇二一年）。海防をめぐる相馬中村藩と水戸藩との交流はこの後も続き、知識人を軸とした海防政策の協議が進められていく。

さらに晩香は、幕末期の藩内教育においても自身の交流網を活用している。幕末期に諸藩の国政への関与が要請されるようになると、各地では藩主を中核とした意思形成のあり方が模索される。混迷する情勢に相馬中村藩が対応するため、晩香は江戸遊学中に知己となった儒者である安井息軒に相談し、当時小藩ながらも「非凡之諸侯」と称された尼崎藩、延岡藩、上山藩のような当主となるように、安井が運営する私塾三計塾へ藩主相馬季胤《としたね》を入門させる（前掲『相馬市史』）。小藩である相馬中村藩が乱世を生き抜くために学問が求められ、「非凡」の藩主が藩を指揮することが望まれていた。その過程では、家中の遊学による知識人相互の交流関係が存在し、知をめぐる相互議論と政治・社会における実践が目指されていた。やがて知の交流は幅広い地域を横断する関係として展開し、列島全域を覆う現象へと拡大していく。

一九世紀に入ると、異国船の渡来が各地で多発し、先述のような海防対策の整備が課題となるが、諸外国と接触するなかで得られた多様な知は、幕府や藩の思惑を超えて各地に広がっていく。

†知の広がり

吉村昭の小説『北天の星』は、文化四年（一八〇七）の日露紛争時にロシアに囚われた中川五郎治が、シベリア滞留中に天然痘の予防法である牛痘種痘法を学び、帰国後に国内で種痘を施すなかで各地にその方法が伝播する様子をドラマティックに描いている。史実をもとに作られたこの小説では、五郎治がもたらしたロシア語の医書が翻訳され、紆余曲折を経て利光仙庵《りこうせんあん》という三河国出身の医師により嘉永三年（一八五〇）に『魯西亜牛痘全書』として出版されたことを紹介している。さらに、その仙庵に師事して医学を学び、やがて秋田にて種痘法を実践した高橋痘庵なる人物にも触れている。ロシアからもたらされた医療技術が列島をめぐり秋田の地に広がっていく経過は、当該期の知的情報の流通を考える上で興味深い。

高橋痘庵《とうあん》は、文政一一年（一八二八）に秋田藩領角館を治める佐竹北家の家中石黒家に生まれ、久三郎、宗典と通称した。幼少期より儒学等の学問に励んでいた痘庵は、天保一四年（一八四三）に同家中高橋家の養子となり、嘉永四年（一八五一）より約一年間江戸へ遊学して利光仙庵から蘭学を学ぶ（『角館誌』四）。遊学中に痘庵は角館の家族と多くの手紙を交わしているが、そのなかで彼は、多くの人が「蘭方は恐ろしきもの」と考えて触れようとせず、秋田藩でも蘭学が盛んではないなか、自らが習得した医療知識によって「病人ニ相対し、病をなおす事」を強く望んでいる（「石黒家文書」個人蔵）。江戸で蘭学の医療知識に触れた痘庵はその効果に強い関心を抱き、技術を習得して角館に戻ると種痘をはじめとする様々な知見の普及と実践に取り組んでいく。このように、遊学を契機として多様な知が浸透し、各地で新たな知見が取り込まれていった。

知的情報をとりまく交流は、遊学のような人の移動に留まらない。書物出版の広がりは、書物を介した情報流通を全国に拡大させる。その結果、藩校などの大規模施設や武士に限定されない多様な知識人が各地で蔵書を形成し、書物の貸借や読書会などの交流が発生する。仙台藩を見ると、民間の蔵書家であった青柳文蔵が天保元年（一八三〇）に自らの蔵書を仙台藩へ献上すると、「青柳館文庫」と名付けられた膨大な蔵書を介し、藩士による多様な文化的活動が展開している（大友・二〇一二）。

新たな知への関心は人びとの交流を促し、情報源を機軸とした関係をもたらす。藩校と並行して各地で設立された私塾は、幕府や藩の思惑にとらわれない自由な学習環境を提供する。秋田藩でも一八世紀後半以降、領内各地で私塾が多く確認されている。実際には現在把握されている以上の私塾が活動していたと推測されるが、領内の多様な人びとを対象とした学問空間は塾生相互の交流を生成し、学問・情報を通した関係を作り出していく。

†政治関心から政治関与へ

嘉永六年(一八五三)のペリー来航を直接の端緒として、日本列島は大きな動乱期を迎える。諸外国との関係をめぐり議論が紛糾するなか、学問や情報を介した知識人間の交流関係もその性質を変容させていく。秋田藩では、領内各地の知識人が私塾などを拠点として相互に交流関係を結んでいたが、嘉永期頃を契機として、共有される情報が対外関係などの政治的色合いを強めていく。とりわけ、秋田藩江戸屋敷に位置する国学塾・気吹舎《いぶきのや》が領内知識人と交流を深めていくと、気吹舎を介して領内各地に詳細な政治情報がもたらされ、知識人間の交流網は政治議論を中心とする結社的性質を帯びるようになる。

領内各地の私塾を拠点とした交流は、やがて秋田藩の積極的な国政参加を求める政治運動へと変転する。儒学や洋学、国学といった多様な学問体系が錯綜する秋田藩内の交流網は、それぞれが保有する知識を動員して政治議論を展開する。彼等はそこでの議論を実践するために藩上層部に対して奮起を促していくが、その根拠として用いられたのが、藩主佐竹氏の由緒であった。河内源氏の棟梁たる源頼義の三男義光を祖とする佐竹氏は、武家の棟梁として徳川将軍家よりも正統な存在として注目される。さらに清和天皇の末裔として天皇家にもつながるその由緒は、京都においても天皇を輔翼すべき根拠として持ち出され、秋田藩の国政参加を求める動きが水面下で展開していく。学問関係を軸とした政治議論の展開は、やがて国政参加という実効を求める政治運動へと発展し、領内における交流網が藩上層部への直接的な要求団体として役割を果たすようになる。文久期以降、秋田藩内では天皇の意思たる「叡慮」を絶対視して攘夷政策等を遂行すべしとの主張が各所で論じられ、徳川将軍を討伐して征夷大将軍の大任を拝命せよとの主張まで飛び交うようになる。これらの主張が藩主に対して上書というかたちで領内各所から提出され、秋田藩による「勤王」の意思を全国に表明すべしとの要求が沸き起こっていく（天野・二〇二一）。

秋田藩による一連の状況は、一八世紀後半以降取り組まれてきた学問活動の所産でもあった。飢饉や日露紛争など奥羽地域特有の課題を抱えるなか、各藩では幕府の学問政策に触発されながら危機に対応しうる人材育成を掲げた政策を実践する。藩校や遊学を通して知的情報に触れた藩士たちは、相互に交流を深めながら議論を交わし、時代の経過とともに政治への関わりを強めていく。やがて彼等の言動は、藩としての政治行動を求める運動へと発展し、幕末政治において奥羽諸藩が果たす役割を模索する原動力となっていく。

†政治動乱への眼差し

一八世紀後半期以降における政治社会の混乱に直面し、各地では改革政治による対応が模索される。「内憂外患」と形容された社会状況は、全国的に共通する課題として認識され、各地で情報が交わされ、対応策が議論される。知をとりまく多様かつ複合的な関係は、奥羽諸藩でも広く展開し、幕末期における諸藩の政治活動を支える基盤となっていく。

京都を中心とした政局史として幕末動乱を鳥瞰すると、一連の政治過程における奥羽諸藩の活動は限定的・消極的に映る。しかし、全国規模で混迷を極めた状況に対して奥羽諸藩も無関係ではなく、自領の秩序維持や政治的安定に向けた模索を続けていた。その過程で、自藩の存在意義を示すために、由緒を根拠とした自己主張を試みる奥羽諸藩も登場する。仙台藩は、伊達家による中世以来の活動や奥羽最大の石高を根拠に奥羽の盟主たる自己認識を形成させていく（栗原・二〇一七）。また、秋田藩では清和天皇の系譜を引く源義光を始祖とし、八〇〇年におよぶ由緒を誇示することで天皇家との近親性を強調し、天皇を輔佐する行為として「勤王」の実践を画策する。これらの認識は、自領や奥羽地域、さらには全国的な活動の根拠として用いられ、行動を起こすための議論が各地で噴出する。その後、政治対立の紛糾により内乱が各地で発生すると、奥羽諸藩をも巻き込んだ政争が繰り広げられる。その過程で由緒に基づく自己認識を形成したこれらの諸藩では、政治社会における主導的役割を果たすべく、現実の政治社会における実践を模索することになる。

参考文献

天野真志『幕末の学問・思想と政治運動』吉川弘文館、二〇二一年
大友優香「仙台藩青柳館文庫の成立・運営と利用」『国史談話会雑誌』五二、二〇一二年
金森正也『秋田藩の政治と社会』無明舎出版、一九九二年
金森正也『藩政改革と地域社会』清文堂出版、二〇一一年
菊池勇夫『飢饉から読む近世社会』校倉書房、二〇〇三年
栗原伸一郎『戊辰戦争と「奥羽越」列藩同盟』清文堂出版、二〇一七年
小関悠一郎『上杉鷹山』岩波新書、二〇二一年
藤田覚『近世の三大改革』山川出版社、二〇〇二年
前田勉『江戸の読書会』平凡社、二〇一二年

第4講　幕末の諸藩と戊辰戦争

栗原伸一郎

†幕末期の奥羽諸藩

現代では「東北」という地域概念は一般的なものとなっているが、その形成に影響を与えたのが幕末維新の動乱である。近世大名の家格は、将軍家との親疎や領知高・官位・殿席などから構成されていた。幕末期の奥羽地域には、会津藩松平家や庄内藩酒井家のような家門や譜代の名門があり、その他にも、安藤信正（平）・水野忠精《ただきよ》（山形）・阿部正外《まさと》（白河）などの老中を輩出した譜代大名家があった。その一方で、一〇万石以上の外様大名家も、仙台藩伊達家・秋田藩佐竹家・盛岡藩南部家・米沢藩上杉家・二本松藩丹羽家・弘前藩津軽家の六家を数えた。また、奥羽地域には非「奥羽」諸藩の飛び地や幕領・旗本領などもあり、特に南奥羽（福島県域や山形県域）の所領は錯綜していた。

奥羽地域には家格やそれに伴う自己認識を異にする多様な大名家が存在したが、そのなかで圧倒的な存在感を誇ったのが、陸奥国を中心に領知高約六二万石を有していた仙台藩伊達家である。仙台藩は直臣約一万人、陪臣約二万四〇〇〇人を抱える国持大名であり、薩摩藩や長州藩などの所謂「西南雄藩」と同格であった。仙台藩は大藩意識を強く有しており、自藩を加賀藩や薩摩藩とともに外様の三大藩（外様の御三家）であると位置づけていた。また、こうした大藩意識は地域を意識した言説にもみられ、代々陸奥守を称したこともあって、自らを「鎮守府将軍」や「奥羽の旗頭」であると認識していた。奥州に加えて羽州をも意識し、奥羽の主導者であるとする自己認識は、幕末仙台藩の動きを規定することになった。

†幕末政局と奥羽諸藩

幕末期には欧米諸国との条約締結問題や将軍継嗣問題などを契機として、それまで幕政に直接参加できなかった御三家や家門・外様の有力諸藩が国政に介入を始めた。そして、多数意見や正論という意味を持ち、政治参加を肯定する「公議」や「公論」という言葉が広まり、「公議」と「王政」を柱として政治秩序の転換が模索された（三谷・二〇一七）。そのため、奥羽諸藩も藩政に加えて国政への対応が迫られるようになった。

文久二年（一八六二）、幕府が京都の治安維持などのために設けた京都守護職に会津藩主松平容保が就任し、会津藩が京都政局に登場した。文久三年（一八六三）には将軍徳川家茂が上洛し、攘夷問題をめぐって政局は揺れたが、八月一八日政変で会津藩と薩摩藩が協力して長州藩を京都から追放した。この政変は、米沢藩・鳥取藩・岡山藩・徳島藩や九州の有力諸藩などの協力や連携を背景に実行されたもので、諸藩が連携して「国事運動」を行う時代となったと評価される（佐々木・二〇〇四）。

元治元年（一八六四）三月に「公議」を試みた参与会議が解体すると、会津藩は一橋慶喜や桑名藩とともに朝廷と緊密な関係を築いた。政局や大事件に深く関与した会津藩は、朝廷のもとで公議政体を樹立しようとする薩摩藩との対立を深めていった。

元治年間以降、会津藩以外の奥羽諸藩は、西南諸藩に比して京都政局から一定の距離をとっていた。その背景には、政局が京都に移ったことで去就を求められた西国諸藩とは異なって東国諸藩は直接関与しなくて済んだことがあった（友田・二〇一八）。

一方、江戸では、文久三年から元治元年にかけて、幕閣が西国への対抗を念頭に、伊達慶邦《よしくに》（仙台）・上杉斉憲《なりのり》（米沢）・前田慶寧《よしやす》（加賀）などに対して政事総裁職を打診した。これは家門・譜代・外様にこだわらず地政学的見地から東国の有力藩を政権に入れようとしたもので、「東国公議論」と称されている（奈良・二〇一八）。ただし、これは奥羽諸藩のみを結集するものではなく、また仙台藩や米沢藩がこれに応じることはなかった。

京都や江戸の動きに距離を保った要因は藩によっても異なる。仙台藩内には政争への警戒感や財政負担に対する忌避感があり、藩主伊達慶邦は幕府の対応に不信感を抱くようになっていた。その一方で、仙台藩は米沢藩預地の百姓の訴えに対応するなど、地域問題の解決には積極的であった。こうした姿勢は、奥羽の鎮めとしての自己認識に影響されたものと考えられる。また、藩政についても、慶邦は明君を意識した心構えを藩政改革案に記している。この間、慶邦の目は国政よりも地域や藩政に向けられていたともいえる。

さて、幕末期には情報収集や政治交渉を行う探索方や周旋方と称される藩士が各藩に登場し、学問ネットワークなどを駆使して活動するようになった。米沢藩では文久三年から探索・周旋を担う藩士が登場し、江戸や京都を舞台に奥羽内外の藩士と交流した(友田・二〇一八)。秋田藩では平田国学の学塾である気吹舎やその門人が情報収集に関わり、藩の意図を超えて国事への周旋を志向することもあった(天野・二〇二一)。また、仙台藩では藩校関係者などが探索や周旋を命じられ、その結果や意見が藩主に提出されている。政局が大きく変動し、各藩が政治選択を迫られるなかで、探索や周旋を行う藩士の行動は藩の意思決定に影響を与え、その意見が藩論に昇華されていくこともあった。ただし、奥羽諸藩は通信・運輸手段である蒸気船の実用化が西南諸藩に比べて遅れていたため、京都の情報を入手する速度や精度という面で不利に陥っていた(青山・二〇〇〇)。

†諸藩連携と奥羽連合構想

慶応三年（一八六七）一〇月、徳川慶喜が大政奉還の上表を朝廷に提出した。だが、一二月には薩摩藩などが参加した王政復古政変によって、慶喜や会津藩を排除した上で「公議」を理念に掲げる新政府が樹立された。

諸藩の留守居や周旋方、あるいは上京してきた重臣など在京の藩士たちは、他藩と連携することで対応を模索した。例えば、大政奉還後には、庄内藩を含む譜代と家門の諸藩が朝廷の対応に異議を申し立てた（彦根・姫路・大和郡山・高松・小倉・高田・庄内・大垣・中津・松代・忍・小浜）。また、王政復古政変後には、反薩摩の立場から熊本藩が提唱した外様有力諸藩による連名建白に奥羽諸藩が署名し（徳島・福岡・熊本・久留米・盛岡・柳川・二本松・佐賀・対馬・新発田）、衆議重視の観点から事態の打開を図ろうとした。その後、慶喜復権の可能性が高まると、熊本藩は再度建白書を提出し、これには仙台藩が署名した（徳島・福岡・仙台・熊本・津・久留米・柳川・二本松・佐賀・対馬・新発田）。連名建白に参加しなかった米沢藩は、慶喜中心の公議政体の実現を訴えた建白書を提出し、熊本藩や仙台藩と協力を約束した。

そうしたなかで一一月に開催されたのが奥羽諸藩会議である（仙台・会津・盛岡・米沢・庄内・二本松・弘前）。仙台藩が家門・譜代・外様の別に関係なく有力諸藩に呼びかけたもので、情報交換を行い政局への対応が協議された。仙台藩は有力諸藩の全国的な連携の動きを重視しつつ、一方では奥羽の主導者としての意識を背景に奥羽諸藩をまとめようとした。

慶応四年(一八六八)一月、鳥羽・伏見の戦いで勝利を収めた薩摩藩・長州藩を中心とする新政府は、徳川慶喜や会津藩などを「朝敵」とし、江戸に向けて東征軍を派遣した。奥羽諸藩には東征軍への応援を命じ、仙台藩などには会津攻撃を命じた。三月に入ると新政府は奥羽両国を管轄とする奥羽鎮撫使を派遣し、奥羽諸藩はその指揮下に入った。また、新政府は諸道・諸国ごとに近隣諸藩を地域的に編制する「諸藩触頭制」を設け、奥州では仙台藩を、羽州では秋田藩を触頭とした(箱石・二〇一八)。

奥羽地域では、戦争勃発前後から近隣諸藩に使者を派遣して協力を探る動きが見られたが、こうした新政府の政策によって奥羽諸藩は更なる情報共有や一体的な行動が求められることになった。例えば、中村藩相馬家は戦国時代から「不通」であった仙台藩伊達家と関係改善を図り、「両敬」の関係を取り結んでいる。

新政府側が国郡制の枠組みを利用した政策を実施する一方で、奥羽諸藩側も「奥羽」を意識した行動を展開した。清和源氏の嫡流という意識を有する秋田藩は、「勤王」を表明するため奥羽諸藩の教導・糾合を試みた(天野・二〇二一)。だが、その動きとは逆に、二月に仙台藩が「公論」による解決を求める建白書を作成して新政府への提出を図り、秋田藩・盛岡藩・米沢藩・二本松藩・弘前藩へ協力を打診した。また、米沢藩内には、仙台藩を中心に奥羽諸藩が連合して、諸藩の衆議によって意思決定を行い、政治的にも軍事的にも一体となって薩長両藩に対抗しようとする構想が浮上した。

四月に入ると奥羽鎮撫総督府は庄内藩をも「朝敵」とした。奥羽諸藩は鎮撫総督府の下で会津藩や庄内藩との戦争に動員され、各地で戦闘が始まった。だが、仙台藩や米沢藩は水面下で会津藩と交渉し、謝罪を引き出すことで攻撃の名目を無くそうと画策した。一方、会津藩は庄内藩と軍事同盟を結び、これを奥羽全体の同盟に拡大して、薩長両藩と対決することを計画した。各藩の思惑が交錯するなか、仙台藩と米沢藩は、両藩が鎮撫総督や京都太政官に会津藩の謝罪を周旋し、新政府側の対応次第では会津藩などと協力して薩長両藩と戦うことを取り決めた。仙台藩や米沢藩は、薩長両藩が「公論」に反する専制的な存在であると認識していた。

†奥羽列藩同盟の成立と活動

仙台藩と米沢藩は、閏四月に仙台藩領の白石（宮城県白石市）に奥羽諸藩の代表を招集し、会津救解を協議して、奥羽鎮撫総督府に歎願書を提出した。だが、会津藩は徳川家と異なり、開城や武器引き渡しを受け入れていなかった。鎮撫総督府はこの歎願を却下し、改めて奥羽諸藩に会津攻撃を命じた。これを受けて、薩長両藩との対決に向けて動き出していた仙台藩は鎮撫総督府の下参謀を福島で殺害した。

その前後、奥羽諸藩は会津攻撃軍と庄内攻撃軍を解兵し、白石・仙台において盟約を結ぶとともに、京都太政官へ止戦を訴える建白書を作成して奥羽列藩同盟を結成した。盟約に署名したのは二五藩である。

だが、同盟に連なる存在はこれだけではない。五月に入ると新政府軍との本格的な戦争が始まったが、列藩同盟の救解対象であり、本来の構成員ではなかった会津藩と庄内藩は、同盟と一体化して軍事行動を展開し、徐々に政治面でも意思決定に参画するようになった。また、南出羽にある館林藩・佐倉藩・土浦藩の飛び地が米沢藩の工作によって列藩同盟の傘下に入り、兵糧や兵力などを供出した。この他、新政府の支配地となっていた旧幕領も列藩同盟の管理下におかれた。例えば、もとの桑折代官所の管轄地域では御用金が徴収され、仙台軍事局の意向で農兵の徴募も行われている（『桑折町史』通史編2、二〇〇五）。

列藩同盟は軍事行動を展開したため、歎願書や建白書などの政治運動に参加しなかった飛び地や旧幕領などを含めた奥羽地域全体を陣営に組み込む必要があった。ただし、同盟諸藩のなかには、戦争の回避や中止を求める政治運動には参加しても、秋田藩のように「官軍」の名義を有する新政府軍に対する軍事行動を避けようとする藩もあった。

奥羽の主導者を自任する仙台藩にとって、自らが結成に導いた奥羽列藩同盟は自己認識を具現化したものでもあった。しかし、他藩が仙台藩の認識をそのまま受容し、仙台藩に従うとは限らない。列藩同盟の意思は諸藩の合議を積み重ねた上で形成されており、列藩会議の衆議が仙台藩の意思より上位に位置づけられたとされる（中武・二〇〇四）。

また、当初、列藩同盟は奥羽鎮撫総督府の下で盟約を結ぶという形式をとったが、五月に鎮撫総督の九条道孝が仙台を脱出すると、輪王寺宮公現親王を迎え、七月には旧幕閣も参画して宮を頂点とする白石公議府を設けた。公議府は諸藩衆議の結果を輪王寺宮の権威を以て正当化するもので、軍事面においても指揮権の整備が図られたとされる（太田・二〇一五）。これら列藩同盟の構造や運営の実態については不明な部分も多いが、朝廷権威とともに衆議が意識されたことが知られる。なお、一連の過程で、当初の避戦や止戦の訴えは後退し、「君側の奸」の排除という訴えが前面に打ち出されていった。

†列藩同盟と非「奥羽」諸藩

仙台藩や米沢藩は奥羽列藩同盟さえ結成できれば、それで政局を転換できると考えていたわけではなかった。両藩は「朝敵」攻撃の是非や薩（長）排除による新政府改革などといった国政の問題を解決するため、奥羽諸藩を結集しつつも、「公論」に期待し、全国の諸藩と連携して政治的・軍事的に対応することを構想していた。

仙台藩と米沢藩は北越諸藩に使者を派遣し、これを取り込んで「奥羽」列藩同盟を「奥羽越」列藩同盟に拡大させた。加えて、使者を派遣し、あるいは奥羽を訪れた藩士を説得するなどして、加賀藩・熊本藩・長州藩・佐賀藩・水戸藩・佐倉藩など東西の諸藩を同盟側に引き込もうと画策した。このうち仙台藩の説得を受けた熊本藩では、藩内の反発を招きつつ、首脳部が会津藩や列藩同盟側に立つことを決定した。そして、新政府側に建白書を提出して戦争の収束を訴え、拒否されれば薩長両藩との対決も視野に入れて、新政府軍を離脱する計画を立てた。また、米沢藩内では、在京の周旋方が長州出身の政府有力者と会津攻撃の回避を協議したこともあって、京都から届いた情報に基づいて、長州藩を含む西南諸藩との連携論が広がった。仙台藩や米沢藩は「東北」「西南」「薩長」といった区分に関係なく、列藩同盟陣営の強化を志向していた。

だが、戦争が始まると会津攻撃の方針に温度差があった新政府内は結束し、動向が疑われる諸藩を新政府側につなぎとめようとする動きが加速した。列藩同盟は支持を広げられず、熊本藩も最終的に協力を見送った。

各地では同盟軍の敗退が相次いだ。七月には秋田藩が列藩同盟を離脱して新政府側に転じたため、同盟軍は秋田領に進軍し、奥羽諸藩同士の戦闘が開始された。九月に入ると米沢藩と仙台藩が降伏して列藩同盟は崩壊し、会津藩も約一ヵ月の籠城戦を経て開城・降伏した。

†敗戦と「東北」

前近代の国家は、支配のために国郡制の枠組みである陸奥国や出羽国、即ち「奥羽」を意識することがあった。とはいえ、実態として奥羽は常に一体的・等質的ではないことは東北史研究でしばしば論じられる(入間田・二〇一二、菊池・二〇一二)。

戊辰戦争に際しても、新政府は「奥羽」という枠組みを意識していた。だが、それだけではなく地域側から奥羽(越)列藩同盟という連合体が生み出された。それは古代エミシの抵抗や奥州合戦、あるいは奥羽仕置に対する一揆などとは異なり、奥羽全域を巻き込んだ意思表明であった。

明治元年一二月(一八六九年一月)、政府は陸奥国を磐城・岩代・陸前・陸中・陸奥の五国に、出羽国を羽前・羽後の二国に分割するとともに、奥羽の一八藩に領知没収や削封、藩主交代などの処分を科した。奥羽は敗者の地域となった。

敗北は地域イメージの形成や増幅を促す。列藩同盟の抵抗によって、政府は奥羽が「皇化」や「教化」の必要な地域であると認識し、「未開」の地として蝦夷地(北海道)と同一視したとされる(田中・一九九七)。「奥羽」という呼称が明治期に「東北」という呼称に置き換えられていく。そして、「白河以北一山百文」という言葉の誕生や、東北七州自由党が結成された自由民権運動などに見られるように、「東北」としての自己認識や他者認識が積み重ねられ、凶作によって二〇世紀初頭には後進地としての認識が定着していく（米地ほか・一九九六、河西・二〇〇一）。

戊辰戦争で「奥羽」が一体となったのは、各藩の政治選択の積み重ねによるものであった。そして、その動きは様々な構想や模索こそあったものの、全国的な展開に至ることはなく、地域連合のまま敗北した。戦争の結果は「東北」をめぐる評価や認識に大きな影響を与えたのである。

参考文献

青山忠正『明治維新と国家形成』吉川弘文館、二〇〇〇年
天野真志『幕末の学問・思想と政治運動――気吹舎の学事と周旋』吉川弘文館、二〇二一年
入間田宣夫「東北史の枠組を捉え直す」安達宏昭・河西晃祐編『講座　東北の歴史　第一巻』清文堂出版、二〇一二年
太田秀春「奥羽越列藩同盟における公議府と軍事」平川新編『江戸時代の政治と地域社会　第一巻　藩政と幕末政局』清文堂出版、二〇一五年
河西英通『東北――つくられた異境』中公新書、二〇〇一年
菊池勇夫『東北から考える近世史――環境・災害・食料、そして東北史像』清文堂出版、二〇一二年
栗原伸一郎「仙台藩の意思決定過程と伊達慶邦」明治維新史学会編『幕末維新の政治と人物』有志舎、二

〇一六年
栗原伸一郎『戊辰戦争と「奥羽越」列藩同盟』清文堂出版、二〇一七年
栗原伸一郎「軍事同盟としての奥羽越列藩同盟――会津藩・庄内藩・小藩・飛び地」奈倉哲三・保谷徹・箱石大編『戊辰戦争の新視点　上　世界・政治』吉川弘文館、二〇一八年
佐々木克『戊辰戦争　敗者の明治維新』中央公論社、一九七七年
佐々木克『幕末政治と薩摩藩』吉川弘文館、二〇〇四年
田中秀和『幕末維新期における宗教と地域社会』清文堂出版、一九九七年
友田昌宏『東北の幕末維新　米沢藩士の情報・交流・思想』吉川弘文館、二〇一八年
中武敏彦「奥羽列藩同盟と「公議」理念」『アジア文化史研究』四、二〇〇四年
奈良勝司『明治維新をとらえ直す――非「国民」的アプローチから再考する変革の姿』有志舎、二〇一八年
難波信雄「大藩の選択――仙台藩の明治維新」『東北学院大学東北文化研究所紀要』三七、二〇〇五年
箱石大「維新政府による旧幕藩領主の再編と戊辰戦争」前掲『戊辰戦争の新視点　上　世界・政治』
保谷徹『戦争の日本史18　戊辰戦争』吉川弘文館、二〇〇七年
三谷博『維新史再考　公議・王政から集権・脱身分化へ』NHK出版、二〇一七年
米地文夫・藤原隆男・今泉芳邦「地名「東北」と東北振興論および郷土教育――明治後期〜昭和前期の用例をめぐって」『岩手大学教育学部附属教育実践研究指導センター研究紀要』六、一九九六年

第5講

明治政府と東北開発

小幡圭祐

†〝大久保利通による東北開発〟像

　東北地方は、薩摩藩・長州藩など西南諸藩を中心とする明治政府の成立と、東北諸藩の戊辰戦争での敗北によって、明治政府側においても、そこに住まう人々の自意識としても、〝遅れた〟地域として認識されることとなった（河西・二〇〇一）。そのような〝遅れ〟を克服する手段として位置付けられ、明治政府が実施したとされているのが東北開発である。

　明治政府の東北開発に関する代表的な見解を、岩本由輝の研究を通じてみておこう（岩本・二〇〇九、二〇二〇）。岩本によれば、明治政府が東北開発構想を明快に打ち出したのは、一八七八年（明治一一）に薩摩藩出身で内務卿（内務省の長官）の大久保利通《おおくぼとしみち》が政府に提出した二つの建議書「一般殖産及華士族授産ノ儀ニ付伺」・「原野開墾ノ儀ニ付伺書」であったとする。大久保は、一八七六年の天皇巡幸の先発隊として東北地方を巡視し、その結果として、未開発資源を多く持つ東北地方を、東京を首都に持つ明治国家の後背地とする考えに至った。大久保は内務省に授産局を設立して事業推進を企図したものの、一八七七年の西南戦争によって計画はいったん頓挫し、翌年に改めて二つの建議書が提出される運びとなる。建議書によって示された内容は、まず前者が野蒜築港（宮城）、新潟港改修（新潟）、越後・上野運路開鑿（新潟・群馬）、大谷川運河開削（茨城）、阿武隈川改修（福島・宮城）、阿賀野川改修（福島・新潟）、印旛沼・東京運路開鑿（千葉・東京）の七件で、後者が福島県安積郡対面原（福島県郡山市）の原野開墾であった。同時に大蔵省が募集した起業公債は、その用途として東北関連では野蒜築港、新潟港改修、宮城・山形両県下新道開鑿、岩手・秋田両県下新道開鑿、群馬・新潟両県境清水越新道開鑿、猪苗代湖疏水（安積疏水）、秋田県阿仁鉱山開坑、秋田県院内鉱山開坑、山形県油戸炭山興業の九件が掲げられた。起業公債事業全体に占めるこれらの事業への配分総額は三一％強にも及び、しかもその五割強が鉱山開発に充てられていることから、「大久保の意図が東北諸州の資源収奪にあった」と説明されている。

しかしながら、このような理解は、近年の研究の進展により、東北開発の実態からも、大久保自身の意図からも見直されるに至っている。また、東北開発に込めた思いも、明治政府内では一様ではなかったことが、東北開発の実施関係者の考察からも明らかになってきた。このことは、これまで有力視されてきた、大久保利通を明治政府の代表的存在とする理解をも、見直しを迫ることにつながっている。手前味噌になってしまうが、本講では筆者の研究を中心として近年の研究動向を概観することとしたい。

†東北開発の嚆矢

まず、東北開発が明治政府によって提言されたのは、実のところ大久保利通の建議を嚆矢とするものではなく、大久保が岩倉使節団に参加して日本を留守にしていた、留守政府においてであった(以下、小幡・二〇一八)。

一八七一年(明治四)七月の廃藩置県によって、中央集権国家を建設した明治政府は、幕末に締結した不平等条約の改正を目論み、一一月に岩倉具視《いわくらともみ》右大臣を団長とする外交使節団をアメリカ・ヨーロッパ諸国へと派遣した。岩倉使節団は岩倉のほか、木戸孝允《きどたかよし》・大久保利通・伊藤博文《いとうひろぶみ》など、政府の中心人物が随行する大規模なものであった。一方、彼らの留守を預かったのは、三条実美《さんじようさねとみ》太政大臣を筆頭に、西郷隆盛《さいごうたかもり》・板垣退助《いたがきたいすけ》・大隈重信《おおくましげのぶ》ら参議からなる留守政府であった。しかし、西郷・板垣はろくに仕事をせず、三条のもとで実務のかじ取りを担ったのは、行政の実務経験に富んだ大隈であった。

大隈の庇護のもと、留守政府の内政全般に重要な役割を果たしたのは、長州藩出身の井上《いのうえ》馨《かおる》大蔵大輔が主導する行政官庁の大蔵省であった。ちなみに、井上の右腕として大蔵省の実務に当たったのが、幕臣の出身で、二〇二一年(令和三)のNHK大河ドラマ『青天を衝け』

の主人公・渋沢栄一《しぶさわえいいち》である。井上は、大久保が岩倉使節団で認識してきたのと同様、幕末のイギリスへの密航留学によって「富国」が重要であると認識しており、大蔵省のもとでは勧農政策（農業勧奨政策）を重視した。また、渋沢は、勧農政策の推進主体として、かねてより自らが設立を促していた民営会社を位置付けていた。

井上が勧農政策の舞台として選んだのは、戊辰戦争によって荒廃したと把握されていた東北地方であった。井上は一八七二年初頭、部下の立田彰信《たつたあきのぶ》に、青森県管内で実施されようとしていた旧会津藩士の授産事業を監督させるために東北出張を命じた。立田の東北出張は、東北開発の方針を定めるための地方官との協議のほか、官林の払い下げを督励しその資金を東北開発のためにプールする勧業資本金を形成する意図も兼ねていた。立田の帰京後、大蔵省内で方針が練られ、五月二五日に「三陸両羽」＝東北地方の開発を提言し、開発を指導するための出張所の設立も計画された。

そのようななか、東北開発の目玉として位置付けられたのは、青森県の三本木開墾であった。井上は青森県権令の菱田重禧《ひしだしげよし》に命じ、青森県下の商人たちに、開墾を主導する民営会社として「陸奥国農会社」を設立させ、そのもとで旧会津藩士を雇用して開墾事業を営ませることを計画した。計画自体は商人と旧会津藩士との軋轢により頓挫したものの、事業資金としてプールしていた勧業資本金は、東北地方の民営会社に提供されることとなる。

ここで重要なことは、勧業資本金が提供された民営会社の中に、のちに大久保が実施する国営安積開墾の呼び水となった、福島県下の開成社が含まれていたことである。一八七三年に福島県郡山の商人たちは、大蔵省の政策を受けて、民営会社として開成社を組織し、彼らの手により大槻原開墾が実施された。一八七六年には開拓新村・桑野村を成立させるなど成果を収めている。このほか、勧業資本金は青森県下の旧会津藩士が行う牧畜会社、栃木県下の旧水戸藩士による開墾義社にも提供されていた。

すなわち、大久保の帰国を待たずして東北開発は実行に移されていたのであり、その結果として、国営安積開墾の基盤となる民営事業も萌芽していたのであった。

†大久保利通の意図

岩倉使節団から帰国後、征韓論政変によって対外膨張論を抑えた大久保利通は、一八七三年（明治六）一一月大蔵省の権限を分割して内務省を創設し、自ら内務卿に就任した。この内務省において、先ほどの二建議書が起案されることとなるが、実のところ大久保が東北開発に込めた意図も、鉱山などの資源収奪という面にはなかったことは明らかである（以下、小幡・二〇二一）。

大久保は、岩倉使節団での海外視察で欧米の「富国」の有り様を実見し、政府の主導によって農・工・商業の振興、特に日本の基幹産業である農業を重視する考えを持つに至った。帰国後、西郷隆盛らの征韓論に「内治優先」を掲げて対峙し、政変に勝利すると、さっそく政策の推進拠点として内務省を設立し、一八七四年から活動を開始した。

大久保が東北開発に着目するきっかけになったのは、先学の言うように一八七六年の東北巡幸であった。東北巡幸の先発隊として東北地方を巡視した大久保は、帰京後に開墾事業の立案を指示したが、実は当初、東北地方の開発に必ずしもこだわっていなかったのである。開墾事業の具体策は、部下の杉浦譲《すぎうらゆずる》内務大丞が起案したが、杉浦の案では、確かに「陸羽」＝東北地方の荒蕪地の中から選択して開墾事業を営むことが構想されていた。しかし、これに対し大久保は、杉浦の案に付箋を付する方法で、「陸羽」に加えて「野州」、すなわち現在の栃木県も候補に入れる訂正を行っている。大久保は候補地選択にあたって、開墾に従事する協同結社を設け、それを模範とすべきと別の付箋で指示していることから（郵政博物館資料センター所蔵「開墾見込ノ大略」）、福島県の開成社のみならず、栃木県の開墾義社も模範事業として有力視していたことが知られるのである。大久保が志向していたのは厳密には「陸羽」＝東北地方ではなく、栃木県を含む「陸羽野」の開発であった。

さて、敷地選定とともに大久保は、内務省に授産局という、「陸羽野」開発を専管する部局の設立を計画するが、結果として頓挫してしまう。しかし、これは一八七七年に勃発した西南戦争が原因ではなかった。部下であるはずの前島密《まえじまひそか》内務少輔が、大久保の政策に異論を出し、省内稟議を止めて大久保の案を闇に葬ったからである。前島は、「陸羽野」開発よりも北海道開拓の方が重要であるとの意見の持ち主であり、大久保の方針を頑なに認めようとはしなかった。大久保は粘り強く説得を試みたが、前島は一切耳を貸そうとしない。そこで大久保がとった窮余の一策は、前島を政策立案・意思決定から外すという極めてイレギュラーな方法であった。大久保の考えに近い橋本正人《はしもとまさひと》少書記官が建議書を起草したのである。

ようやく一八七八年に二建議書が政府に提出されることとなったが、この中で大久保が重視していたのは、やはり農業であった。「一般殖産及華士族授産ノ儀ニ付伺」では、国家の元気を養うのに必要なのは「農」であると明言し、「第一等」の策として、地方官に適当な土地を選ばせ、そこに華士族たちを入植させて給費を与えて開墾・疏水事業を営ませること、「第二等」の策として、彼らに給費を与えずに土地を貸与し開墾事業を営ませることが計画された。さらに「第三等」の策として、運輸事業のために資本金を備え貸与を行うことも盛り込まれている。「第三等」の発想は、大久保自身の意向というよりは、部下の意向、特に石井省一郎《いしいしょういちろう》ら土木局の意向が強く反映されたものであったと考えられる（山崎・二〇〇二）。また、「原野開墾ノ儀ニ付伺書」では、具体的な開墾の対象として「東北地方」、なかんずく福島県下安積郡の対面原近傍の諸原野が想定されている。これは一八七六年から一八七七年にかけて内務官僚の高畑千畝《たかはたちうね》・南一郎平《みなみいちろうべい》らによる「栃木ヨリ青森」に至る原野調査を受けて、開成社の事業が模範にすべき対象として認識された結果である（矢部・一九九七）。ここに至って、開墾事業は東北開発として明確に位置付けられることとなった。

ちなみに、起業公債事業に盛り込まれた鉱山事業は、内務省ではなく重工業を管掌する工部省提案の事業であり（勝田・二〇〇二）、大久保の意向とは全く関係のないものである。ここからうかがえるのは、内務省内にとどまらず、各省レベルにおいても、東北開発に寄せた意図はさまざまであった、ということである。

†東北開発の諸相

以上に見てきたように、東北開発を大久保の意向＝明治政府の意向とする見解は正確ではない。当事者の考えによって、東北開発の位置づけも異なっていたからである。

しかもそれは、中央政府の中だけに止まらない。直属の上司である大久保の指示のもと、現場で東北開発を担っていたはずの地方官も同様である。当時の地方官は、現在の地方自治体の長のように選挙で選ばれるのではなく、中央政府の内務省から派遣される官僚であった。具体例として、これまで大久保と一心同体のように把握されてきた、三島通庸《みしまみちつね》を挙げよう（以下、小幡・二〇二〇、二〇二二）。

三島は東北諸県の県令（県の長官）をつとめた人物として著名である。大久保と同じく、薩摩藩の武士の家に生まれ、戊辰戦争後は新政府に出仕、一八七四年（明治七）の酒田県令を皮切りに、一八七六年山形県令、一八八二年福島県令、一八八三年栃木県令と各地の県令を歴任した。福島県令在任時に発生した、自由民権運動の弾圧事件である福島事件での「鬼県令」ぶりでも有名である。その後中央に転じ、一八八四年に内務省土木局長、一八八五年に警視総監に就任した。子に、一九一二年ストックホルム・オリンピックに参加した三島弥彦《やひこ》がいることも、二〇一九年（令和元）のNHK大河ドラマ『いだてん』で知られるようになった。

三島は山形県令時代、「土木県令」「道路県令」とも綽名されているように、擬洋風建築と呼ばれる和洋折衷の奇抜な建築物群や、道路の建設を中心とした東北開発を推進したことで知られているが、同時に、一八七六年に開拓使からサクランボの苗を取り寄せたことをもって、山形名産のサクランボを導入した張本人＝「サクランボ県令」としても認識されてきた。そのように考えると、大久保と同様に農業を重視しているようにも思われるが、実は果樹栽培は三島が山形に着任する前から、開拓使勤務経験を有し、「すすきの」（薄野）の名称の由来としても知られている、山形県参事の薄井《うすい》龍之《たつゆき》の手によって着手されていた。三島のもっぱらの関心は道路建設であり、大久保の重視した農業ではなかったのである。

さらに、東北開発そのものへの期待も大久保とは異なるものであったと考えられる。大久保は、東北開発にあたって西洋での見聞が大きく影響していた。西洋的な近代化を成し遂げるための東北開発といえる。しかし、三島は大久保と異なり、西洋を見聞した経験はない。にもかかわらず、トンネルの掘削にアメリカから輸入した鑿岩機を用いるなど（小形・二〇一三）、西洋的な技術を積極的に活用し県都建設や道路開鑿を行っている。

実のところ、三島が西洋の技術に着目したのは、西洋ではなく東洋を意識したものらしい。三島の出身の薩摩藩は中世から儒教、とりわけ朱子学が盛んな土地柄であった。三島は武芸に特化した上之園郷中に生まれながら、青春時代には儒教の経書や中国の史書を読み漁っていた変わり者であった。山形県令になっても、儒教的な価値観を行動規範としていたことがうかがえる。国立国会図書館憲政資料室の「三島通庸関係文書」には、三島が直筆で書き残した、おびただしい古人の言のメモが残っている。山形県政の方針を記したメモや、部下の建議に自分の意見を記した付箋にも、古人の言があまた引用されている。三島は儒教的な価値観で、政策の是非を捉えていたのである。

しかし、儒教においては、本来道路を作ることは悪とされている。三島もそのことを十分に認識しており、自身の県政を、儒教では天下を乱したと把握される秦の始皇帝《しこうてい》の土木事業になぞらえていた。それではなぜ道路建設を実行できたのであろうか。三島が考えたのは、東洋にはない理屈、すなわち西洋の技術を活用することで自身の正当性を示すことであった。自身の業績を写真家の菊地新学《きくちしんがく》と油絵画家の高橋由一《たかはしゆいち》に作品として残させたのも、そのような目論見の一つであろう。三島にとって東北開発は、西洋的な近代国家の確立というよりは、徳川幕府に代わる新たな儒教国家建設の一環だったのかもしれない。

東北開発に託す思いは、現地の地方官においてもさまざまであったといえよう。

†大久保利通像の現在

民間の側から見た明治政府の東北開発像も、実に多様である。東北開発の対象となった福島県郡山では、政府の支援を受けたことで特別な「眷顧」(=ひいき)を受けたという自意識が生まれ、その後の郡山における地域振興の旗印となった(徳竹・二〇一二)。また、宮城県で行われた野蒜築港は、台風の襲来により結果として失敗に終わったが、遠く離れた山形県の豪農・堀米四郎兵衛《ほりごめしろべえ》らが築港を契機として野蒜港開発会社を立ち上げ、新天地で成功を収めようとする構想も生まれていた(細矢・一九九六)。事業によっても、地域によっても、立場によっても、明治政府の東北開発が与えた影響はさまざまであった。しかし、そのような状況を提供した明治政府の側においても、東北開発に対する考えは、これまで説明してきたように十人十色であったのである。

なぜそのようになったのかと言えば、一つに東北開発を主導した大久保利通のキャラクターもあるだろう。大久保の二建議書が農業を重視しながらも運輸政策を盛り込んでいたように、大久保が一八七五年（明治八）にまとめた内務省の方針「本省事業ノ目的ヲ定ムルノ議」も、部下の意向を盛り込んだ玉虫色の内容であった（小幡・松沢・二〇一七）。ここからは、部下の意向を重視する大久保像が見て取れそうであるが、前島密の事例を踏まえれば、部下に引き摺られたと捉えることもまた可能である。さらには、部下を必死で説得する姿や、部下を埒外に置くことで自己の主張を押し通す側面も、大久保は併せ持っていた。一方で、大久保の構想とは一線を画して独自路線を行く地方官の存在もあった。

戦前の研究以来、大久保は「独裁」という言葉で語られることが多く、またそのような像に裏打ちされた明治政府も、大久保が専制主義的に運営したとする「大久保政権」というイメージで語られることが常であった。近年は大久保像の見直しが行われ、「熟考と果断の政治家」（勝田・二〇〇三）や「羊飼いとしての指導者」（瀧井・二〇二二）といった、新たな表現が紡ぎ出されるようにもなった。しかしながら、東北開発における大久保の位置づけを踏まえれば、そもそも人物像や国家像を一言で表現することがその特質を説明するに十分な方法なのかどうかも含め、それらの再検討がそろそろ必要なのではないだろうか。

大久保が主導したとされてきた明治政府による東北開発の実像の見直しが進んだことで、逆に、大久保や明治国家の実像の見直しが課題として立ち現れてきた、とでもいえようか。

参考文献

河西英通『東北――つくられた異境』中央公論新社、二〇〇一年
岩本由輝『東北開発120年（増補版）』刀水書房、二〇〇九年
岩本由輝「明治政府の東北政策」東北学院大学文学部歴史学科編『大学で学ぶ　東北の歴史』吉川弘文館、二〇二〇年
小幡圭祐『井上馨と明治国家建設――「大大蔵省」の成立と展開』吉川弘文館、二〇一八年
小幡圭祐「大久保利通と内務省勧農政策」『日本史研究』七〇六号、二〇二一年
山崎有恒「日本近代化手法をめぐる相克――内務省と工部省」鈴木淳編『工部省とその時代』山川出版社、二〇〇二年
矢部洋三『安積開墾政策史――明治一〇年代の殖産興業政策の一環として』日本経済評論社、一九九七年
勝田政治『内務省と明治国家形成』吉川弘文館、二〇〇二年
小幡圭祐「山形県にサクランボを導入したのは三島通庸か？」『山形史学研究』四八号、二〇二〇年
小幡圭祐「三島通庸における〝伝統〟と〝革新〟――山形県政と儒教の関係」『歴史』第一三八輯、二〇二二年
小形利彦『山形県初代県令三島通庸とその周辺――来形一四〇年』大風出版、二〇一三年
徳竹剛『政治参加の近代――近代日本形成期の地域振興』清文堂出版、二〇二一年
細矢憲利「野蒜港を中心とした東北広域経済圏の構想」『西村山地域史の研究』一四号、一九九六年
小幡圭祐・松沢裕作「「本省事業ノ目的ヲ定ムルノ議」の別紙について」『三田学会雑誌』一一〇巻一号、

二〇一七年
勝田政治『〈政事家〉大久保利通――近代日本の設計者』講談社、二〇〇三年
瀧井一博『大久保利通――「知」を結ぶ指導者』新潮社、二〇二二年

第6講 近代日本の戦争と東北の軍都

中野 良

†近代日本の軍隊と軍都

日本の近代軍隊の形成は、一八七一年(明治四)の御親兵(天皇の親衛隊、のちの近衛師団)の創設と、つづく廃藩置県による各藩兵の政府直轄軍隊への編入、七三年の徴兵制の実施により、全国統一的な政府直轄軍隊と国民皆兵の兵役制度が採用されたことに始まる。そして、全国に配置された陸軍の拠点である鎮台やその分営は、各地の治安維持、特に士族反乱や農民一揆の鎮圧を主要任務とし、明治政府による近代国家創出のための重要な一翼をになった。一八八八年に鎮台は対外戦争用の師団に改変されたが、ひきつづき全国各地に駐屯し、国内における非常時(内乱、騒擾、災害など)の際には出兵して治安維持や被災者救援などにあたる体制をとっていた。植民地を獲得すると、朝鮮に師団を、台湾や樺太には守備隊を駐屯させた(関東軍は内地師団の交代派遣であった)。

また、近代的な海軍も並行して創設された。一八七六年に海軍の根拠地である鎮守府が創設され、九六年には鎮守府より格下の要港部も設置された。こちらも全国各地(一部は日本の植民地や勢力圏)に置かれた。

このように日本全国ならびに勢力圏各地に配置された陸軍部隊や海軍拠点について、その所在地、特に軍隊施設周辺の地域は、当時から「軍都」「軍港」と呼ばれた(以下、煩雑になるのでカッコは省略)。それは単に軍隊が存在するというだけではなく、軍隊と周辺地域が密接な関係にあり、地域によって軍隊が支えられ、また地域も軍隊から恩恵を受けているという相互依存性を表現する言葉であった。

一九九〇年代後半以降、この軍都・軍港に関して、歴史研究や自治体史編纂のなかで関心が高まり、多くの論文や書籍が発表され、各地の自治体史でもその地域に存在した軍都や軍港への言及が増加した。その結果、現在では各地の軍都・軍港について、多くのことがわかってきている。

†東北における軍都の形成

東北に政府の軍事拠点が置かれた端緒は、一八七一年(明治四)四月に設置が決定された東山道鎮台である。全国に鎮台を整備する端緒として、東北を管轄する東山道鎮台と九州を管轄する西海道鎮台の二つを先行して設置するとされ、東山道鎮台の本営は石巻、分営は盛岡と福島に置くとされた。ただしこれは計画にとどまり、同年七月の廃藩置県を経た八月、全国に四鎮台を置くことが決定され、東山道鎮台は東北鎮台と改称された。同じ年の十一月に仙台に仮本営が設置され、旧仙台藩兵や旧盛岡藩兵が配属された。仙台は「仮本営」であり、正式な本営は石巻のままであったが、実際には石巻に移ることはなく、七三年には仙台鎮台と改称され、正式に仙台が本営となった。同年には徴兵制が実施され、仙台鎮台は東北地方一円を軍管として兵員を徴集した。これにより、従来の旧藩兵は段階的に徴兵に置き換わっていった。また、七四年には鎮台に配備される部隊の単位が連隊となり、仙台には歩兵第四連隊が設置された。こうした経緯で設置された鎮台が「軍都仙台」の端緒であり、ここに東北で最初の軍都が誕生した。

また、東北鎮台が設置された際、第一分営として軍隊の駐屯地となったのが弘前であった。のちに第八師団の駐屯地となる弘前であるが、このときの分営は短命で、七五年には青森に移駐し、のちに歩兵第五連隊となる。この部隊が北東北における最初の近代軍隊であり、事実上青森が北東北で最初の軍都となった。

†軍都の拡大

このの ち日本陸軍は軍拡を繰り返し、そのたびに東北に駐屯する部隊の数も増えていった。

それは軍都の増加をも意味していた。一八八五年（明治一八）、鎮台配下の歩兵連隊の定数が四となり、東北では仙台に一個連隊（歩兵第十七連隊）が増設され、仙台と青森に歩兵二個連隊を指揮する旅団司令部がそれぞれ置かれた。また、このとき新潟県新発田駐屯の歩兵第十六連隊が、東京鎮台から仙台鎮台配下に移された。これ以降、一九〇五〜二五年の一時期を除き、新潟県民は十六連隊や仙台鎮台・第二師団配下の諸部隊に徴集・召集され、南東北の軍隊の一員として戦った。本書は「東北の歴史」であるが、陸軍に関してはその歴史に新潟県が含まれることは記憶にとどめておく必要がある。

一八八八年、緊張する東アジア情勢に対応するため、陸軍は軍隊編制を国内治安維持用の鎮台から対外戦争用の師団に改めた。仙台鎮台も第二師団に改編され、引き続き東北一円と新潟県を師管として兵員を徴集した。

一八九五年、日本は日清戦争に勝利したが、戦時中兵力不足に悩まされた経験や、戦後のロシアとの対立などを踏まえ、軍備の拡張に着手した。全国で六個師団が増設されたが、そのうち東北では北東北の青森・岩手・秋田・山形四県を師管とする第八師団が創設された。かつて東北鎮台第一分営が置かれた弘前に師団司令部と歩兵第三十一連隊ほか諸隊が創設された。また、秋田には仙台から移駐した歩兵第十七連隊が、山形には新設の歩兵第三十二連隊が駐屯して第八師団配下となった。仙台の第二師団では、師管が宮城・福島・新潟の三県となり、十七連隊の後釜として歩兵第二十九連隊が、新潟県村松に歩兵第三十連隊が増設された。

一九〇五年、日露戦争中に臨時編成された師団を含めて計六個師団が増設されることになった。第二師団から新潟県の十六連隊と三十連隊が新設の第十三師団（新潟県高田）の配下に移り、第二師団の師管は宮城・福島・山形三県となった（第八師団から山形県を移管）。また、会津若松に歩兵第六十五連隊が増設され、山形の三十二連隊が第二師団に移管された。第八師団では、移管された三十二連隊の代替として、弘前に歩兵第五十二連隊が増設されたほか、工兵第八大隊が弘前から盛岡に移駐した。さらに盛岡には、第八師団とは別に独立した部隊として、騎兵第三旅団（配下に二個連隊）が設置され、盛岡は「騎兵の町」と呼ばれるようになった。

これら陸軍の改編とは別に、日露戦争の時期に海軍の根拠地が東北に設置された。日露戦争前の一九〇二年、青森県下北半島の大湊に水雷団が設置された。ロシアとの対抗上北方海域の警備を強化することが目的で、当初北海道の室蘭に鎮守府を設置する予定が変更されて、大湊への設置となったものである。これが日露戦後に拡張され、鎮守府に次ぐ海軍根拠地である要港部となった。日露戦争の結果南樺太を領有することになり、北方海域の警備がさらに重要になったためである。のち一九四一年（昭和一六）に対米開戦を前に重要度が高まり、警備府へと昇格した。

日露戦後に行われた一連の改編により、東北六県すべてに軍都が存在する状態となり、軍都・軍港の数も最大となった。こののち、軍縮による部隊の移駐や所属師団の変更などはあるが、東北におけるおもな軍都・軍港はすべて出揃ったことになる。

†軍都の構造

軍都・軍港となった都市は、都市の内部に軍隊という大きな武装集団を抱え込むこととなった。そのことが、都市の在り方に大きな影響を与えることになる。

まず、軍隊の立地と都市構造の関係である。軍都における軍隊の立地は時期によって傾向が異なる(荒川・二〇〇七)。全国的に見て、早期に軍隊が立地した地域では、軍隊は旧藩の城郭のなかに立地する傾向が強かった。廃藩により城郭が政府に接収され、軍用地として転用しやすかったことに加え、近世大名の権威の象徴であった城郭を引き継ぐことで、新たに創設された軍隊に権威を持たせることが意図されたと考えられる。東北では最初に軍隊が置かれた仙台で旧仙台城とその周辺が主要な駐屯地となったほか、比較的遅く駐屯地となった山形でも旧城郭が連隊の駐屯地となった。秋田や会津若松では、城郭のなかにこそ置かれなかったが、城近くの旧武家地が駐屯地となった。

それに対し、軍隊が遅く立地した地域では、軍隊が都市の郊外に立地することが多くなった。すでに城郭の跡地が払い下げられて別な目的に利用されていた、軍隊の大規模化により都市の中心部で必要な敷地面積を確保するのが難しくなった、といった事情による。東北では、弘前の第八師団や配下の部隊、盛岡の騎兵旅団や工兵隊が当時の町はずれに立地した。

軍隊と軍都の関係で最も大きいのが、軍隊がもたらす経済的影響である。連隊の軍都には原則として歩兵一個連隊が、師団の軍都には師団司令部や歩兵以外の特科部隊（野砲兵連隊、騎兵連隊、工兵大隊、輜重《しちょう》兵大隊など）、師団と駐屯地を同じくする歩兵連隊（一個か二個）などが駐屯していた。時期によって若干の違いがあるが、一個師団の平時定員は約一万二〇〇〇人、歩兵一個連隊の平時定員は約二〇〇〇人であったから、連隊の軍都では約二〇〇〇人、師団の軍都では分屯する連隊を除く約六〇〇〇人程度の兵員が常時駐屯していたことになる。ここに軍隊に雇用された職人などの軍属や、将校・下士官の家族などを加えると、さらに軍隊関連の人口は多くなる。これにより、人口増加に伴う税収増や消費の拡大がもたらされることとなった。特に徴兵制のもとで一一月～一二月に行われる入退営の際は、入営者・退営者はもとより、見送り・出迎えの家族や関係者で軍都はごった返すことになり、その経済効果は絶大であった。また、定期的に行われる軍事演習や観兵式、戦没者を追悼する招魂祭なども多くの人出を集め、軍都に経済効果をもたらした。

また、軍隊の治安維持機能の一環である災害出動も軍隊の地域貢献として重要である。地震や水害などの自然災害が発生した際には、自治体の要請や司令官の判断で軍隊が出動し、被災者の救援や復旧活動にあたった。一九三三年（昭和八）の昭和三陸津波では、第二師団や第八師団、大湊要港部をはじめとする各地の海軍部隊などが災害出動で派遣され、現地での救援活動に奔走した（伊藤・二〇一五）。

軍隊誘致運動と存置運動

軍都の経済効果は当時広く喧伝され、その結果軍都の人々は自分たちに恩恵をもたらす存在として軍隊を支持し、軍都以外の都市に住む人々も軍都となることへの期待を高めた。その結果発生したのが軍隊誘致運動である。軍隊誘致運動は軍都・軍港研究のなかでも大きな関心を集めるトピックであり、研究蓄積も多いが、ここでは弘前と秋田の事例を紹介しよう。弘前と秋田の共通点として、もともと旧藩の城下町であり、廃藩後経済の衰退が深刻となっていた点がある。これは全国的にも言えることだが、多くの旧藩城下町では経済回復の起爆剤として軍隊の誘致を熱望した（松下・二〇一三）。弘前は前に述べたように明治初期に一度軍隊の駐屯地になったが、すぐに青森に移駐したため軍都とはならなかった。また、県庁所在地も青森となり、交通や経済の面でも大きく後れをとっていた。そこへ一八九六年（明治二九）、北東北に第八師団を設置することが決定したため、弘前では師団を誘致すべく、敷地献納運動を強力に展開した。その結果、師団が弘前に設置され、また前後して鉄道が敷設されたことから、弘前は商業的に大きく発展することとなった。秋田の場合、弘前と同様に城下町の衰退を挽回すべく、第八師団配下の連隊の誘致に乗り出した。敷地献納を中心とした誘致運動を展開したが、県内に有力な対抗馬があったため、東京の陸軍省への陳情合戦は熾烈を極めた。最終的に秋田市が駐屯地となり、人口の増加など軍都としての影響を受けたほか、軍隊への給水を大きな目的として市の上水道整備事業が一九〇三〜〇五年に急ピッチで進められるなど、市政に与えた軍隊の影響には大きなものがあった。

このような軍都社会の軍隊への依存には陸軍側も配慮せざるを得なかった。一九二五年（大正一四）の宇垣軍縮で全国の四個師団が廃止になったが、軍縮計画の発表に対し、各地の軍都で存置運動が展開された。東北でも各地の軍都で運動が盛り上がり、弘前では他地域の部隊廃止の後釜として部隊が移駐するのに反対する運動が展開した。こうした反応を踏まえ、陸軍は駐屯部隊が廃止になった都市に他から軍隊を移駐させることで軍都そのものの消滅を防いだ。東北では、第八師団管下で弘前の五十二連隊が廃止され、山形の三十二連隊が第八師団に移管された。第二師団管下では、廃止された会津若松の六十五連隊の後釜に仙台から二十九連隊が移駐し、軍都若松の消滅が防がれたほか、新潟県内でも部隊の移駐が行われた（土田・一九九五）。

†東北の軍隊の派兵

東北各地の軍隊に駐屯した軍隊は、日本が関わった戦争にも参加し、時には最前線で奮闘し、時にはアジアにおける勢力圏拡大の一翼を担うこととなった。

仙台鎮台の当初の役割は管内で発生する士族反乱や農民一揆の鎮圧であり、大規模な戦争に動員された端緒は、一八七七年(明治一〇)の西南戦争である。仙台鎮台からは歩兵第四・第五連隊からそれぞれ二個中隊が派遣され、第四連隊は別働第四旅団配下で、第五連隊は別働第一旅団配下で戦った。またこの戦争では、徴兵制軍隊の戦力不足を補うため、巡査の名目で士族兵を徴募した。東北から多数の士族が応募し、新撰旅団に編成されて派遣された。彼らは戊辰戦争に敗れた雪辱を晴らすため、積極的に薩摩士族との戦争に向かったのであった(友田・二〇一六)。

最後の内戦であった西南戦争が終結すると、今度は対外的な武力行使が日本軍の役割となった。東北から最初の海外派兵は、朝鮮への歩兵第四連隊の派遣であった。一八八二年に発生した壬午軍乱の結果公使館警備のための駐兵権を得た日本は、八四年一〇月に警備隊として歩兵第四連隊第一中隊を派遣した。ところが同年一二月、朝鮮で近代化を主張する開化派によるクーデター(甲申事変)が発生した。直後に清国軍が介入してクーデターは失敗、第一中隊は清国軍や暴徒から公使館員や居留民を保護して仁川に退避したが、一一名の死傷者を出した。こうして東北の軍隊は、緊迫化する朝鮮半島情勢の当事者となったのである。

その後日本は、一八九四年の日清戦争、一九〇四年の日露戦争と、立て続けに大規模な対外戦争を戦うこととなった。東北の軍隊はそのなかで主力として戦うことになる。日清戦争では、戦争中盤で山東半島の威海衛攻略戦に参加、極寒の戦地で多数の凍傷患者を出しながら奮戦した。また、講和条約で割譲された台湾で発生した現地住民による武装抵抗を鎮圧するために派遣され、台湾南部を転戦した。多くのマラリアによる戦病死者を出した戦争は日本側の勝利に終わったが、その後も現地住民のゲリラ的抵抗が続き、師団が帰還できたのは平定から半年後であった。

日露戦争では、第二師団は第一軍に編成され、緒戦の鴨緑江会戦を皮切りに遼陽会戦、沙河会戦、奉天会戦など主方面の重要な会戦に参加した。また第八師団は、後詰として第七師団(旭川)とともに内地に控置されていたが、戦争中盤で派兵され、第三軍に編成されて黒溝台会戦に参加した。この戦闘は五日間で師団の戦死者一二五九人、負傷者三八九〇人、生死不明者七〇人にのぼる激戦で、師団の損耗率は四〇%近くにのぼった。この激戦を戦い抜いたことから、第八師団は「国宝師団」と呼ばれるようになり、ひいては「東北の兵=精強・勇猛」というイメージが流布することになった。それがのちのち悲劇を招くことになる。

こうした対外戦争が起こると、軍都は出征・帰還する軍隊を見送り、出迎える人々でにぎわった。また、軍資金の献納や軍事公債の購入、慰問品の寄付など、戦争を支援する活動が盛り上がりを見せた。日清戦争の際には、兵士としては参戦できない人々、特に旧藩士族たちが、軍隊の後方で物資を運搬する軍夫に志願し従軍する動きも活発であった(大谷・二〇〇六)。

一九一〇年四月、第二師団は日本の保護国となっていた大韓帝国に守備隊として駐屯し、日本への併合後は一九一二年に第八師団と交代した。一九一八年(大正七)から始まったシベリア出兵では、第二師団配下の歩兵第三旅団が沿海州ニコラエフスク周辺に、歩兵第二十五旅団が北サハリンに、第八師団が沿海州へ派遣された。この派兵は目的があいまいなまま長期化し、国内外からの反対を受けて撤兵するにいたったが、その間派遣軍隊や銃後の社会の疲弊は深刻であった。

†昭和の戦争と東北の軍隊

一九三一年(昭和六)、「満洲」(現在の中国東北部、以下カッコ省略)に駐屯する関東軍の将校が謀略により満洲事変を起こした。この時、関東軍に内地から交代派遣されていた第二師団は、多門二郎師団長の指揮で中国側の拠点である奉天を占領、その後長春、吉林、チチハルなど満洲全土に転戦し、関東軍の満洲占領に大きな役割を果たした。満洲国の建国後も各地での抗日ゲリラ掃討作戦を展開し、三二年末に帰国した。帰還した師団は仙台で熱烈な歓迎を受け、仙台市の大通りが師団長の名をとって「多門通」と改称されるなど、大きな反響を呼んだ（畑井・二〇〇八）。それだけ銃後の人々の戦争支持熱は激しかったのである。

一方、弘前の第八師団からも混成第四旅団が編成され、満洲事変に投入された。その後師団主力も派遣され、事変後半の熱河作戦などに参加した。塘沽停戦協定締結後の三四年に帰還したが、こちらも弘前市民から熱烈な歓迎を受けた。

停戦協定により一時下火となった大陸の戦火は、一九三七年七月に始まった日中戦争で再び燃え広がった。このとき第二師団は直前の二月に、第八師団は戦争勃発後の一一月に満洲に派遣されていたが、第二師団が中国戦線に混成旅団を派遣するなど、前線での戦闘にも加わった。また、三九年にソ満国境で発生したノモンハン事件（ハルハ河戦争）では、第二師団が戦闘開始後に増援されたが、ソ連軍を相手に激戦を展開、他の部隊が壊滅的被害を受ける中、多くの犠牲を出しながらも持ちこたえ、壊滅することなく停戦を迎えた。

これら常設師団のほか、日中戦争では特設師団が臨時編成され、予備役兵や補充兵を中心にした部隊として戦地に派遣された。仙台からは第十三師団が編成され、上海派遣軍に編入されて南京攻略戦に参加、その後徐州会戦や宜昌作戦、大陸打通作戦など華中・華南で主要な戦闘に参加した。弘前からは第百八師団が派遣され、中国華北地方を転戦した。また、第八師団が四〇年に満洲永久駐屯となったため、それに代わる内地駐屯部隊として第五十七師団が編成されたが、翌年の関東軍特種演習（関特演）に伴いこちらも満洲に派遣された。

一九四一年一二月にアジア・太平洋戦争がはじまると、東北の軍隊も南方に派遣された。第二師団は緒戦で蘭印（現在のインドネシア）作戦に派遣され、ジャワ島攻略戦に従事した。その後は同地に駐屯していたが、一九四二年八月にガダルカナル島で日米両軍の戦闘が始まると、第二師団も同島へ増援された。しかしアメリカ軍の強大な火力を前に、日本軍の先遣隊は壊滅、第二師団も大きな犠牲を出し、翌年二月に同島を撤退した。四四年一月に師団はビルマ（現在のミャンマー）に転用された。当時ビルマ戦線ではインパール作戦が展開されており、師団はその後衛としてビルマ国内の警備にあたり、日本軍の後方に攻撃を仕掛けるイギリス軍や中国軍と戦った。インパール作戦は失敗しイギリス軍の反攻で日本軍は劣勢となり、師団も各地で転戦したが徐々に追い詰められていった。四五年一月、師団はサイゴン（現在のホーチミン）に移駐（十六連隊など一部を残置）となり、同地で敗戦を迎えた。「東北の兵＝精強・勇猛」という世評のもと、常に激戦地に送り込まれ、多大な犠牲を余儀なくされた第二師団であった。

そのころ第八師団も苦境にあった。満洲派遣後ずっと現地に駐屯していた師団は、アジア・太平洋戦争において一部の部隊が南方に派遣されるなどしていたが、ついに一九四四年に至ってフィリピン・ルソン島に派遣された。レイテ島を攻略したアメリカ軍はルソン島にも上陸、マニラを奪還し日本軍を山岳地帯に追い込んだ。第八師団は島南部に立てこもり抗戦を続け、連合国軍に降伏したのは四五年九月であった。

このほか、東北からは多数の師団や特設部隊が編成された。あるいは前線で激しい戦闘を展開し、あるいは本土決戦用の部隊として内地に配備された。山形に駐屯していた三十二連隊は沖縄戦に投入され、組織的戦闘が終わった後の八月まで戦い続けた。

†戦後の軍都

敗戦後、各地の軍都では軍隊が解体され、GHQによる武装解除と施設の接収・撤去が進められた。弘前では市場用地や住宅、農地などに転用された。空襲で市街地や軍事施設に大きな被害を受けた仙台では、兵営敷地は米軍のキャンプとなったが、のちに払い下げられて東北大学のキャンパスなどに転用されている。このようにして軍都の面影は徐々になくなり、跡地に建てられた学校などが新たな都市のシンボル＝「学都」となっていった。他方、一九五〇年以降日本の再軍備が進むと、かつて軍都であった各都市に自衛隊の駐屯地が進出するようになった。仙台、弘前、秋田などその多くは郊外に立地し、かつての軍都の様相とは大きく異なるが、戦後的な新しい軍事組織と社会との関係が展開することになったのである。

参考文献

山本和重編『地域のなかの軍隊1　北海道・東北　北の軍隊と軍都』吉川弘文館、二〇一五年
伊藤大介「昭和三陸津波と軍隊」前掲、山本編二〇一五年所収
荒川章二『軍用地と都市・民衆（日本史リブレット）』山川出版社、二〇〇七年
大谷正『兵士と軍夫の日清戦争』有志舎、二〇〇六年
松下孝昭『軍隊を誘致せよ　陸海軍と都市形成（歴史文化ライブラリー）』吉川弘文館、二〇一三年
土田宏成「陸軍軍縮時における部隊廃止問題について」『日本歴史』第五六九号、一九九五年
友田昌宏「西南戦争における旧仙台藩士の動向」『東北文化研究室紀要』第五八号、二〇一七年
宮城県史編纂委員会編『宮城県史　第7　警察』宮城県史刊行会、一九六〇年
仙台市史編さん委員会編『仙台市史　通史編6　近代1』仙台市、二〇〇八年
同編『仙台市史　通史編7　近代2』仙台市、二〇〇九年
「新編　弘前市史」編纂委員会編『新編　弘前市史　通史編4（近・現代1）』弘前市企画部企画課、二〇〇五年
同編『新編　弘前市史　通史編5（近・現代2）』弘前市企画部企画課、二〇〇五年
青森市史編集委員会編『新青森市史 通史編 第3巻　近代』青森市、二〇一四年
盛岡市史編纂委員会編『盛岡市史　第6巻　昭和期　上』盛岡市庁、一九六六年
秋田市編『秋田市史　第四巻　近現代1　通史編』秋田市、二〇〇四年
同編『秋田市史　第五巻　近現代2　通史編』秋田市、二〇〇五年
山形市市史編さん委員会、山形市市史編集委員会編『山形市史　下巻（近代編）』山形市、一九七五年
会津若松史出版委員会編『会津若松史　第6巻』会津若松市、一九六六年

村山磐『戦争と歩兵第四連隊』宝文堂、一九八七年
歩兵第十七聯隊比島会戦史編纂委員会編『第八師団歩兵第十七聯隊比島戦史』歩兵第十七聯隊比島会、一九八一年
畑井洋樹「「多門通」の誕生について——当時の新聞記事を中心に」『仙台市歴史民俗資料館調査報告書』第二六集、二〇〇八年
防衛庁防衛研修所戦史部『戦史叢書99　陸軍軍戦備』朝雲新聞社、一九七九年

第7講　戦時体制と東北振興

伊藤大介

†東北振興の起こり

最初に「東北振興」という用語について説明しておきたい。「東北」とは日本の東北地方のことで、「振興」とは物事を盛んにする、という意味である。すなわち東北振興とは、東北地方における地域開発、現代風にいえば「まちおこし」や「まちづくり」のようなニュアンスも含む言葉である。

東北地方の地域開発に関しては、岩本由輝の『東北開発120年』（一九九四年）が代表的な著作といえる。本講では、それらの論考などを参照しながら、戦時体制と東北振興との関わりについて述べることとする。

東北振興問題は、大正初期に東北振興会という民間団体が結成されてから本格的な政治問題になった（佐藤・二〇〇五）。一九一三年（大正二）、山本権兵衛内閣の内務大臣であった岩手県出身の原敬は、大蔵大臣の高橋是清らの協力を取り付けて、渋沢栄一を会頭とする東北振興会という民間団体を設立した。一九一六年には岩手県出身の浅野源吾によって『東北日本』という雑誌が刊行される。

東北振興会は、東北拓殖会社の設立を目指す運動などを展開するが、一九二一年に原が暗殺されたことや、関東大震災後の恐慌などによって行き詰まっていく。それに加えて東北振興会の内部で対立が発生したため、一九二七年(昭和二)三月に東北振興会は解散した。五月には、浅野が中心となって東北振興会(第二次)が再結成されたものの、その年に金融恐慌が発生したことなどもあって、それから数年にわたって開店休業のような状態にあった。

昭和初期には、山形県選出の衆議院議員であった松岡俊三によって雪害運動が提唱されている。雪害運動とは、雪による弊害を問題視する社会運動のことである。一九二九年三月には「雪害調査機関設置ニ関スル建議案」が衆議院に提出され、満場一致で可決されている(伊藤・二〇一三)。

雪害という社会問題は、鉄道が設置されることで除雪が必要となるように、社会の近代化に伴って拡大する性質を持っている。金融恐慌や昭和恐慌が立て続けに発生した社会状況にあって、気候を課題とする地域振興である雪害運動は、幅広い階層に支持を広げていった。その結果、一九三二年に雪害対策調査会という調査機関が内務省に設置され、一九三三年には雪害の研究所(積雪地方農村経済調査所)が山形県新庄町に設置された。

†東北振興調査会の設置

一九三〇年（昭和五）から昭和恐慌が本格化したことに加えて、東北地方では自然災害が相次いだ。一九三一年に東北地方が凶作となり、一九三三年三月には昭和三陸津波が発生した。そして一九三四年には昭和期を代表する記録的な大凶作となり、マスコミは娘の「身売り」や「欠食児童」をセンセーショナルに報道した（山下・二〇〇一）。これらの災害に際して活動を再開していた東北振興会（第二次）が、各地で座談会を開催するなどして世論を盛り上げたこともあって、一九三四年一二月に東北振興調査会が内閣に設置された。

東北振興調査会は、首相を会長とし、内務大臣と農林大臣を副会長とする調査機関であった。また東北地方選出の国会議員や、関係省庁の次官クラスを委員とする、極めて高い権威を持っていた。そのため内務省の雪害対策調査会は、内容的に重複する部分があると判断され、作業の一部を東北振興調査会に引き継ぐ形で廃止された。

東北振興調査会は、一九三五年の一月に第一回総会と第二回総会を開催して、特別委員会の設置を決議した。それ以降、特別委員会を中心に、緊急の課題とされる「応急対策」について審議を進めた。二月に第三回総会、第四回総会、第五回総会を開いて、特別委員会で審議された答申案を一部修正の上で決議して「応急対策」の審議が終了した。さらに五月には、複数の省庁にまたがる事務を円滑に進めるために、内閣に東北振興事務局が設置されている。

六月から「暫定対策」の審議に入り、①災害防除、②産業振興、③農村工業・副業、④交通整備、⑤生活改善・教化・社会問題、⑥行財政の整備、という六つの特別委員会を設けて審議が進められた。八月に開催された第六回総会で特別委員会の答申案を可決し、九月の第七回総会では「東北興業株式会社設立ニ関スル件」や「東北振興電力株式会社設立ニ関スル件」を可決して、「暫定対策」の審議が終了した。それ以降は、東北振興に関する総合計画などといった「恒久対策」についての審議を開始した。

しかし翌年の二月、大規模なクーデター未遂事件である二・二六事件が発生した。首相であった岡田啓介は奇跡的に難を逃れたが、大蔵大臣の高橋是清や内大臣の斎藤実が殺害されたこともあって、岡田内閣は総辞職する。三月五日には広田弘毅に組閣の命令が出されたが、軍部の干渉によって難航し、三月九日になってようやく広田内閣が成立した。また四月には東北振興調査会の第八回総会が開催され、総合計画についての審議が再開された。

五月になると第六九回特別議会が開催され、軍部に粛正を求める斎藤隆夫の「粛軍演説」があったほか、東北興業株式会社法や東北振興電力株式会社法という、国策会社に関する法律も成立した。その一方で「粛軍」という大義名分を口実として軍部大臣現役武官制が復活するなど、軍部に逆らえない空気が生まれ、日本は戦時体制へと向かっていく。なお内閣に設置されていた東北振興事務局は、新設される国策会社を監督する官庁として、一〇月に内閣東北局へと改組されている。

†東北振興第一期総合計画

一九三六年（昭和一一）七月、東北振興調査会は第九回総会を開催して、東北振興第一期総合計画を可決した。この計画は「道路ノ新設及普及」や「港湾ノ修築」というような三〇項目の対策からなる、一九四一年までの五か年計画であった。

一年後の一九三七年六月に第一〇回総会が開催され、内閣東北局長の桑原幹根が第一期総合計画の「各項目別年次予算調」について説明したが、この予算案の「項目」は二五しかなかった。三〇項目あった第一期総合計画から「国有林野ノ解放」や「負債整理ノ促進」といった重要項目が抜けたことから、第一〇回総会が開催された一九三七年六月に、東北振興政策の性格が東北救済から国防重視へと変化した、と指摘されることがある（岩本・一九九四など）。

ただし会議資料を丹念に読んでいくと、一年前の第九回総会で二五項目の「経費概算」という資料が提示されており、予算については、以前から二五項目で検討されていたことがわかる。また第九回総会より前に開催された特別委員会でも、予算に含まれない五項目は計画に「準ジテ」進めると説明されており、経費のかかる五項目を予算から除外する形で審議が進められていた。つまり、一年前から「国有林野ノ解放」などの予算は計上されていなかったのであり、第一〇回総会で示された予算案のみを根拠として政策の性質変化を見出すことは困難である(伊藤・二〇一〇)。

しかし、一年前の第九回総会で可決された第一期総合計画の予算案が三億二三〇〇万円であったのに対して、第一〇回総会では一億九六〇〇万円まで削減されており、全体として縮小される状況にあったことは否定できない。この日の会議では、予算が大幅に減少したことについて国会議員たちから批判が相次ぐこととなった。

一か月後の七月一四日に開催された第一一回総会では、「東北振興予算ノ独立編成」「東北振興関係行政機構ノ整備」「東北産業経済調査機関ノ設置」について審議された。とくに「東北振興関係行政機構ノ整備」については、内閣東北局の拡大や、東北庁の設置について積極的な意見が出された。ただ、その一週間前の七月七日に盧溝橋事件が発生して日中戦争が開始されており、地域振興への問題関心は急速に失われていく。こうした情勢もあって、東北振興調査会は第一一回総会の後に会議が開かれることのないまま、翌年三月に廃止された。

なお、東北振興政策や東北振興調査会の歴史について考える場合、先ほど紹介したように、その性質変化のタイミングについて検討が加えられることが多い。

たとえば内閣東北局の書記官などを務めた渡辺男二郎は『東北開発の展開とその資料』(一

九六五年）の中で、一九三九年までを「救済型東北振興の時代」、一九四〇年から敗戦までを「国防型東北振興の時代」と区分している。

それに対して、東北振興調査会の審議や答申から「国防」的な側面を見出して、一九三九年以前に性質変化が発生していた、と指摘される場合が少なくない。先述のように予算案の変化に着目して第一〇回総会を転機とするならば、日中戦争が開始される直前の一九三七年六月から「国防」重視の時代が開始されていたと主張できる。

また白鳥圭志は、さらにさかのぼって、一九三六年二月の総選挙で立憲政友会が敗北したことと、その直後に発生した二・二六事件によって東北振興政策が転換したと述べている（白鳥・二〇〇〇）。さらに伊藤は、雪害対策調査会と東北振興調査会を組織的に比較することによって、東北振興調査会が一九三四年一二月に設置された時点から、すでに「国防」的な要素を内包していたと主張している（伊藤・二〇一三）。

実際の東北振興政策は、凶作などの災害にショックを受けた世論が落ち着いていく過程のほか、総力戦体制の構築や戦局の推移といった国内外の情勢から、段階的に性質を変えていったのだと思われる。しかし時期区分について検証することは、地域問題である東北振興が、どのような経緯で国策に取り込まれていったかについて考察する上で重要な作業である。そうした視角は、東日本大震災からの復興事業に被災地がどのように向き合うべきか、というような現代的な課題にも通じる問題関心といえる。

†東北振興の国策会社

一九三六年（昭和一一）六月、東北興業株式会社と東北振興電力株式会社に関する法律が施行され、一〇月には両社の創立総会が開催された。それ以降の東北振興事業は、二つの国策会社を中心に進められた。

東北興業株式会社は、一九三七年度に東北振興水産株式会社など一四の会社に投資や助成を実施した。その後も、東北興業株式会社の投資関連会社は、一九三八年度に一二社、一九三九年度に四社、一九四〇年度に九社と増加していき、振興グループと呼ばれる企業集団を形成していく。また東北振興電力株式会社も、東北各地に水力発電所を設置するなど、積極的に事業を展開した。

昭和期の東北振興運動を推進してきた浅野源吾は、一九三八年から一九四〇年にかけて、『東北振興史』上巻、中巻、下巻を編纂した。これは東北振興運動の歴史に関する資料集のようなものである。

それぞれの巻で浅野が序文を書いており、一九三八年八月に発行された上巻では、東北振興調査会の設置などを振興運動の成果として高く評価している。一九三九年八月に発行された中巻では、非常時における国家的見地の必要性について述べられており、情勢が変化しつつあった状況がうかがえる。

そして一九四〇年九月に発行された下巻の序文では、中巻の刊行後に東北振興事業の視察を実施した上で、東北興業株式会社などの事業は「東北振興の趣旨」に適合しているべきだが、適合しているかどうかにかかわらず東北の人々の主張は通り難いのではないか、と指摘している。さらに「一大覚悟」が必要になるかも知れない、とも述べている。

それに続けて「人誰か東北に於ける事業の推移を過去永年に亘り、之を大観し、現在に及ぶならば、殷鑑《いんかん》既に過去の実績にある所以を首肯し得て、余りあるものがないであらうか」と記している。殷鑑とは中国の故事を由来とする、戒めとすべき他人の失敗という意味であるが、その言葉を知っていても、この部分を一読して理解できる人は少ないであろう。

浅野は、東北振興事業は昔から成功したことがなく、今回も失敗するのではないか、と主張しているのだと思われる。先ほど引用した部分に続けて、「果して然りとせば」すなわちそうであるならば東北振興事業は「資源利用事業」になってしまう、という危惧が述べられていることからも、そのように解釈すべきであろう。『東北振興史』の中巻を発行した後に各地で視察をしていた浅野が目にしたのは「東北振興の趣旨」に適合していない事業が進められている現状であった。そこで現在の問題点を遠回しに書くことで、読み解くことのできた東北の人々に「一大覚悟」をする必要性を訴えたのではないだろうか。

一九四一年一月、東北興業株式会社の意思決定を担ってきた事業選定委員会が廃止され、企画委員会が設置された。それ以降、東北地方からの要望に「まがりなりにも」対応してきた東北興業株式会社は、「国家的要請を第一義とする経営方針」を明確にしていく(岩本・一九九四)。浅野の危惧は、一年もたたずに現実のものとなった。

一九四一年九月には、もう一つの国策会社であった東北振興電力株式会社が、日本発送電株式会社と合併されることが閣議決定された。一九三九年四月に電力の戦時統制を目的に設置された日本発送電株式会社は、内閣東北局や東北地方の電気事業者の反対を押し切って、東北振興電力株式会社を吸収合併したのであった。こうして東北振興事業の「両輪」とも称された二つの国策会社は、「東北振興の趣旨」から離れていった。

†国土計画と東北振興

一九四一年(昭和一六)一二月八日、日本はアメリカなどとの戦争に突入した。その直後の一二月二〇日、政府は臨時東北地方振興計画調査会を設置した。

臨時東北地方振興計画調査会は、一九四二年一月に第一回総会を開催し、六月の第三回総会で「東北地方振興計画要綱」を決議したところで、実質的な活動を終了した。一九三四年に設置されてから三年以上にわたって約一〇〇回の会議を開催した東北振興調査会と比べると、大きくスケールダウンしたことは否定できない。また、臨時東北地方振興計画調査会の会長は内閣書記官長であり、首相が会長を務めていた東北振興調査会と比べて、その権威においても大きな格差があった。

なお第三回総会で決議された「東北地方振興計画要綱」には、一九四三年度からの五か年計画が記されている。具体的には、①振興精神の作興、②人口の増殖並素質の向上、③食糧の増産、④資源の開発利用及工業の建設、⑤開発立地条件の整備、⑥東北興業株式会社の機能強化が掲げられていた。

「東北地方振興計画要綱」に検討を加えた中園裕は、その五か年計画について、「戦時国土計画」に東北振興事業を組み入れて、東北地方を「食糧や軍需資源の供給地」として位置づけるものであったと指摘している（中園・二〇〇八）。浅野が警戒していた「資源利用事業」への道筋は、こうして明文化されたのであった。

また安達宏昭は、この時期の国土計画と東北地方との関わりについて、仙台や塩竈からなる「仙塩地方」の開発を事例として検討を加えている（安達・二〇一二）。日中戦争によって工場や人口の配分が課題となり、仙塩地方では「国防国家」建設の論理から地域開発を進めようとした。一つの地方に関するさまざまな要素が盛り込まれた都市計画構想については、その画期性が評価されることもあるが、中核的な事業とされたダム建設や港湾修築が進展しなかったため、その壮大な構想が実現されることはなかった（齋藤・二〇二一）。

企画院で作成された国土計画は、仙塩地方のような地域側が要求していた総合的な工業開発ではなく、軍需工業の分散的配置や農村の維持を、東北地方に対して求めていた。こうして同じ時期に展開された東北振興事業と同じように、仙塩地方で進められた国土開発的な施策も「決戦体制」の論理に組み込まれていった。

†東北振興の終結

一九四二年（昭和一七）八月に開催された東北地方の知事による連絡協議会では、臨時東北地方振興計画調査会が作成した五か年計画に対する異論や批判が出された。その一方で知事たちは、東北地方を振興するための陳情活動を続けたが、一九四三年三月に臨時東北地方振興計画調査会は廃止された。さらに一一月には内閣東北局が廃止され、戦時体制における東北振興は事実上終結した。

一戸富士雄は、当初は「東北救済」を掲げていた東北振興政策が、戦局の激化によって戦力増強政策に変貌していく一方で、東北各地から出される救済要望もまた、国家政策に順応するために変質していったと指摘している（一戸・二〇一八）。東北地方からの陳情活動について検討を加えた中園も、戦時体制の深化に従って国防上の利点を強調するケースが増加していったことを明らかにしている（中園・二〇〇二）。国の都合に地域が追従して軍需産業などに接近していったことは、重大な性質変化であった。

そのほか東北振興が深く関わった国策としては、満洲（現在の中国東北部）への移民政策が挙げられる。東北地方からの移民については多くの研究や論点が出されているが（河西・二〇一二）、なかでも満洲移民は、雪害対策調査会で議題とされた後に東北振興調査会の答申に盛り込まれ、地域振興策として推進された。その結果、東北六県のほか、長野県や新潟県といった雪国から多くの移民が満洲に送り出された（伊藤・二〇一三）。

また多数の移民を送出した要因として、東北地方の人々が満洲に対する特権意識のようなものを持っていたことも否定できない。満洲事変の主力となったのは仙台に本部を持つ第二師団であり、師団長の多門二郎らによる凱旋パレードに際して、仙台市は南町通りを「多門通」と改称するほどの熱狂をもって出迎えている（畑井・二〇〇八）。

満洲での戦闘において、東北地方の第二師団や第八師団（弘前）が活躍したことは、当時の一般的な常識であった。一九三九年に発行された国定教科書『東北読本』下巻は、東北地方の子ども（高等小学校）たちに「先輩の尊い血に彩られた満洲国」へ移民するよう呼びかけている。満洲という傀儡国家は、東北の「先輩」たちが勝ち取った権益と考えられており、そうした認識が国策である満洲移民と結びつけられたのである。

地域の課題を達成するために国策に順応することは決して珍しいことではないが、その場合、政策の性質について十分に検討を加え、そのデメリットやリスクについても考える必要がある。それは、国家に振り回された被害者というような認識を持つだけでは、国家の一員として加害者でもあった歴史を理解することが難しくなるからである。

†戦後の東北振興

敗戦後の一九四五年(昭和二〇)九月二七日、内務省国土局は「国土計画基本方針」を発表した。翌年九月には「復興国土計画要綱」が策定されるが、それらは全国的な規模での国土計画であった。しかし、こうした計画を受けて全国各地で地域振興が検討され、一九四六年一二月には東北産業開発調査会が発足した。

東北産業開発調査会は、一九四七年四月に「東北地方産業開発計画要綱」を発表した後に解散する。しかし、その年の六月に、その要綱に基づいて東北六県自治協議会が組織され、翌年七月には、新潟県が加わって東北七県自治協議会へと改組された。この時期の東北開発は新潟県を含む七県体制で進められていた。東北七県自治協議会は、一九四九年一〇月に「東北地方の開発に関する要望決議文」を国土総合開発審議会に提出した。

一九五〇年五月に制定された国土総合開発法は、国土を総合的に開発することを目的に制定された。しかし実際に開発が進められたのは、東北地方では只見川地域や北上川地域のように、一部の電源開発のみであった。このように敗戦後の国土計画においても、東北地方の開発は大きく進展することはなかった。

一九五五年一月、鳩山一郎首相が国会の施政方針演説で「北海道および東北地方」の「開発について特段」の対応をとる方針を表明した。それ以降、東北開発が本格的に検討されることとなり、一九五七年には、東北開発促進法、北海道東北開発公庫法、東北開発株式会社法という、いわゆる「東北開発三法」が成立した。

このように鳩山が発言した背景としては、前年の冷害が挙げられる場合もあるが、実際には、戦後になっても進展のない東北開発に対して危機感を抱いていた東北地方選出の国会議員が、政策に東北開発を盛り込もうと画策した結果であったという（仁昌寺・雲然・二〇一七）。

東北開発三法が成立したことによって、さまざまな分野から開発へのサポートを期待できる体制が準備された。こうした法整備をもって、戦後の東北開発を代表する成果と評価されることもあるが、結果としては、いずれも十分な成果を上げることなく廃止された。こうして戦後の東北開発も地域格差を是正することができないまま、東日本大震災を迎えることとなる。

参考文献

安達宏昭「戦時期国土計画と東北地方」『講座　東北の歴史　第一巻』清文堂出版、二〇一二年
一戸富士雄『国家に翻弄された戦時体制下の東北振興政策』文理閣、二〇一八年
伊藤大介「東北振興と東北大学」『東北大学百年史』第三巻、二〇一〇年
伊藤大介『近代日本と雪害』東北大学出版会、二〇一三年
岩本由輝『東北開発120年』刀水書房、一九九四年、増補版二〇〇九年
河西晃祐「東北移民史研究の諸課題」『講座　東北の歴史　第一巻』清文堂出版、二〇一二年
齋藤駿介「戦時期における仙塩地方開発総合計画の立案と都市計画」『日本建築学会計画系論文集』第七八四号、二〇二一年
佐藤健太郎「大正期の東北振興運動」『国家学会雑誌』一一八巻三・四号、二〇〇五年
白鳥圭志「戦前東北振興政策の形成と変容」『歴史学研究』第七四〇号、二〇〇〇年
中園裕「東北振興」『「東北」の成立と展開』岩田書院、二〇〇二年
中園裕「東北振興のあゆみ」『北方社会史の視座』第三巻、清文堂出版、二〇〇八年
仁昌寺正一・雲然祥子「「東北開発三法」の成立過程」『東北学院大学東北産業経済研究所紀要』第三六号、二〇一七年
畑井洋樹「「多門通」の誕生について」『調査報告書』第二六集、仙台市歴史民俗資料館、二〇〇八年
山下文男『昭和東北大凶作』無明舎出版、二〇〇一年
渡辺男二郎『東北開発の展開とその資料』私家版、一九六五年

第8講 戦前戦後の東北の流通経済——百貨店を中心に

加藤諭

†近代小売業からみる東北の流通経済

近現代日本における消費社会の成立過程について、百貨店は大きな役割を果たしてきた。百貨店が全国的な展開をみせていく中で、中小小売商との間に如何なる調整を行っていくかは、日本の流通政策においても重要な課題であり、戦前戦後を通じて、第一次百貨店法、第二次百貨店法、大規模小売店舗法と流通政策上の法制度においても主要な柱となってきた。本講では戦前戦後の東北の流通や経済を百貨店の展開からみてみたい。

東北地方に百貨店が本格的に立地展開していくのは、一九三〇年代になってからであるが、日本における百貨店の特徴の一つとして催事機能があげられる。東北と百貨店を結びつける歴史的経緯においても、そうした催事を通じた関係がみてとれる。そこでまず近代に入ってからの東北で開催されていった連合共進会や博覧会などの系譜を確認し、百貨店と繋がっていく流れを確認したい。次いで、催事を通じた百貨店戦略と、東北における百貨店の実店舗成立過程を位置づけ、さらに国の流通政策と戦後に至る東北の百貨店動向を高度経済成長期まで概観する。

†連合共進会の動向

明治期、殖産興業政策の一環として、東京や京都、大阪など中央においては政府主導の催事として、内国勧業博覧会が開催された。内国勧業博覧会は、国内物産を観覧に供し品評することを通じて、物産の開発や改良、産業育成などを目的とするものであった。一方、一八七九年(明治一二)、当時勧農局長であった松方正義はパリ万国博覧会の視察の際、フランスの農産競争会制度に触れ、同様の制度の導入を企図、一八七九年に製茶共進会、生糸繭共進会が横浜で開催されていくようになる。共進会も勧業のための催事としての性格は博覧会と共通であったが、博覧会が先端的な商品や高級品の展示・観覧に力点を置いていたのに対し、共進会は参加者間の競争や褒賞・出品物の販売等により主眼が置かれていた。

その境目は時代が下るに従ってあいまいになっていったものの、このため、共進会では期間限定の建物(展示館・パビリオン)を建設するのではなく、学校や役所などの公共施設、あるいは組合施設などを用いるなど、既成の施設を用いて開催される傾向があった。初期においての共進会は政府主導であったが、その後地方官庁や民間主催で、全国各地に共進会が独自に開催されるようになっていき、また県や出品種別を超えた連合共進会も行われるようになっていく。

東北地方では、一八九〇年代に入ると連合共進会の開催が企図されるようになり、一八九二年六月東北六県知事が、牛馬共進会と農産物工芸品の共進会を併せて開催することを協議し、秋田、山形、福島は三県議会で経費支弁が認められず参加出来なかったものの、一八九四年四月に約一か月の会期で仙台において、青森、岩手、宮城の三県による奥羽連合共進会が開催された。出品種類は米、麦、大豆、繭、生糸、織物及び牛馬等、出品数四一八二点、来場者数一万二八三三人という規模であった。その後も、この奥羽連合共進会は定期的に東北六県持ち回りで開催されていくことになり、その規模も漸次拡大していくこととなる。第一回は出品種類と区域の少なさが反省点であったことから、第二回は出品種類を拡張し、福島県以外の五県が協力する形で、一八九七年四月一一日〜五月一〇日にかけて岩手県盛岡市で開催、出品数は八五九八点、来場者数も七万四一五二人と来場者数は大幅増加となった。第三回は、当時奥羽本線が全線開通していない状況であったことから、山形県、秋田県が候補地から外れ、また引き続き福島県が不参加であったことから、一八九九年四月一五日〜五月一四日の期間に青森県青森市で開催されることになった。出品数は一万点を超え、来場者数も約八万人と漸増傾向をたどっている。

第四回に至ってようやく東北六県の足並みがそろい、一九〇一年山形県山形市で四月一五日～五月一四日の間で開催された際には、出品数は二万五七八八点、来場者数も一四万九九七四人と過去最高となった。しかし、第五回は当初一九〇四年に開催予定であったのが、日露戦争の影響から延期となり、また宮城県が一九〇五年凶作の影響で参加見送りとなったことから、一九〇六年、五年ぶりに秋田で開催された奥羽連合共進会は、出品数一万四三九〇点、来場者数一三万五三三二人といずれも第四回を下回るものとなった。その後、一九〇九年に福島県福島市で開催された第六回奥羽連合共進会は再び六県開催となり、出品数二万四九七六点、来場者数二九万四四七〇人と過去最高の出品数と来場者数をみることになる。

地方の連合共進会は、一面国内の内国勧業博覧会出品の地域予選的な性格も有しており、例えば第一回奥羽連合共進会が開催された一八九四年の翌年には第四回内国勧業博覧会が開催されており、第四回奥羽連合共進会が開催された一九〇一年の翌々年には第五回内国勧業博覧会が開催されている。また内国勧業博覧会そのものも、海外の万国博覧会の開催年には開催せず、一八九三年のシカゴ・コロンブス世界博、一九〇〇年のパリ万国博によって、内国勧業博覧会は開催が繰り下げられている。このように地方の共進会と内国勧業博覧会、万国博覧会は一定の連動性をもった催事であったといえる。

一方、明治期の連合共進会は、大型化によるデメリットもみられるようになっていく。共進会は出品された製品の品評を伴うものであったが、出品点数の増大や出品対象品目の拡大は、審査に当たる審査官の負担が大きくなっていくとともに、県選出の審査員の審査は各県の利益代表的になる傾向が否めなかった。

また、内規や予算上の制約により受賞割合が低く抑えられ、内国勧業博覧会以上に厳しい審査になる傾向も伴った。また明治後期になると、大規模化と開催頻度に比して、大幅な技術革新等は無い分野も出てくるようになり、産業振興や情報共有の費用対効果が疑問視されていくことなる。このため、火災で焼失した山形県庁の新庁舎落成を記念して一九一六年に開催された奥羽連合共進会を最後に、大正期以降奥羽連合共進会が実施されることはなかった。

†東北名産品陳列会、東北産業博覧会と百貨店

こうした中、新たな催事空間の役割を担っていくことになったのが百貨店である。

一九一七年（大正六）五月に三越日本橋店において、東北振興会主催、東北六県後援のもと、第一回東北名産品陳列会が開催された。主催元である東北振興会は、一九一三年に発生した東北地方冷害を契機として、渋沢栄一、益田孝ら中央の財界人により東北六県の「産業ヲ振興シ福利ヲ増進」することを目的として組織された団体である。

一九一六年、山形市で開催された東北六県連合共進会を視察していた益田は、連合共進会が

陳列出品の生産地である東北で開催されているのに対し、むしろ消費地である東京で物産催事を展開し、需要喚起することが東北振興に資するとの考えを持った。この考えは渋沢や、三越で当時社長を務めていた野崎廣太も賛同し、翌年、東北名産品陳列会が百貨店の催事として東京でおこなわれることになったのである。

東北振興会主催の東北名産品陳列会は第一回以降も、一九一九年、二一年、二四年、二六年、二九年、三一年、三三年、三四年、三五年と一〇回にわたって継続して開催された。第一回から第八回までは主催、後援、会場とも東北振興会、東北六県、三越本店が担った。第九回は会場を三越大阪支店に移し、第一〇回では農村工業展覧会と附帯して、当時東京の有力百貨店の一つであった白木屋で開催されている。

この東北名産品陳列会は、単に百貨店で行われた物産催事というだけでなく、会期中に行われる催事細目をみてみると、毎回必ず品評会が開かれていた。審査委員は百貨店の商品部門担当者や、東京美術学校、東京高等工芸学校などの教授などが担っていたが、この品評会は単に美術的、工芸的技術の観点から批評がなされたわけではなかった。

第五回東北名産品陳列会木工品競技会の審査員の一人であった島田佳矣《よしなり》東京美術学校教授は、「東北六県に於きまして出来る工芸品を県外移出を成るべく多量にすることと、又延いては海外にまで出るやうにしたい」とし「先ず此東京などの都会に於ける中流若くは中流以上の人々の嗜好に適合するや否やと云ふやうなものを自然選ぶ方針であつた」と答えている。東北名産品陳列会は、会を通じて東北物産の販路拡大の機会として機能していたのであり、ひいては中央の百貨店顧客層の購買志向への対応が品評会を通じて求められていくものであったといえる。

一八九〇年代から一九一〇年代以前、東北地方の物産の品評と産業化については、各県が連携した連合共進会など官主導で進められていたが、一九二〇年代以降、こうした動きに加えて、百貨店が中央と地方の物産販路拡張の舞台として大きな影響を持つようになっていったのである。一九一七年から一九三五年まで、全一〇回を通じて東京や大阪など、中央の百貨店で開催された東北名産品陳列会は、会期合計一五八日間、即売売上合計は四三万七四四一円を数えた。

また、百貨店が地方開催の博覧会そのものに関与するようにもなっていく。一九二八年四月に仙台で開催された東北産業博覧会の詳細な予算編成に当たっては、「斯道に経験深き東京三越呉服店参事豊泉益三氏に委嘱して変更予算を編成」している。また、会場の配置についても「会場の配置は美観の上より且つは観覧者の便宜の上より其の要件を具備せしむる必要あり之れが為には斯道の権威者に諮りて其の意見に聴従するに如かずと為し種々詮衡の結果東京三越呉服店参事豊泉益三氏に委嘱」することになる。豊泉は東北名産品陳列会の三越側の担当も務めていた人物で、この東北産業博覧会における東京府の陳列コーナーにおいても三越自身がその一部を手掛けるなど、東北の産業や物産に関する各種催事を通じて三越が果たす影響力は強くなっていった。

†中央百貨店の地方進出

こうした中で、一九三〇年代に入ると、三越は実店舗そのものを仙台に設置していくことになる。一九二〇年代後半から一九三〇年代前半、関東大震災後の復興過程で東京中心に、大都市立地の百貨店は店舗規模の拡大競争が激化しており、また当該期断続的な不況下において、百貨店は廉売戦略や無料配達区域の拡大を行い、中小小売商との摩擦も起きていた。

一方、東北地方の都市について仙台を事例にみてみると、仙台の人口規模は一九一五年(大正四)には一〇万人を超え、一九一九年にはバス会社が開業、一九二六年には市電が開通するといったように都市人口の増加や市内交通機関の整備が進んでいた。三越はこうした状況を踏まえ、大都市のみならず、一定の人口規模の地方都市では百貨店が立地可能とみており、「一県一店主義」を掲げ、地方に支店網を形成する動きをみせていく。

三越は一九三〇年、六大都市以外では初の地方支店である、金沢支店を開店させ、その後一九三一年三月に高松支店、一九三二年五月に札幌支店と相次いで地方支店を開設させていた。この支店網戦略の一環として、仙台にも支店を立地する計画がもちあがっていく。当時大都市部では、百貨店が中小小売商の経営を圧迫することが社会問題化しており、三越仙台支店の設置に際しても同様の問題がもたらされるのではないか、という危機感から、仙台商工会議所や中小小売商の有志らによって設置反対運動が起きた。

一方で、三越仙台支店が進出予定であった仙都ビルの建設にあたって土地を提供していたのは、当時七代目仙台商工会議所会頭で、一九三二年から同地の金融機関である七十七銀行の副頭取を務めることになる山田久右衛門であり、また三越の進出に際し、宮城県桃生《ものう》郡町村長会では三越進出を歓迎する決議をおこなっている。

このほか、宮城県下町村長会も三越進出歓迎の動きを展開、宮城県商品陳列所も中立の立場ではあったが、三越進出に際しては、宮城県産品の仕入れ販売に力を入れることを要望している。このように百貨店と直接競合関係にはない財界人や地方行政においては、地場物産の振興・販路拡大の観点から百貨店の進出に積極的な立場もあった。

三越側も仙台支店設置にあたっては、地場の中小小売商の設置反対運動、あるいは進出への期待といった地元の反応に一定の配慮を払う姿勢を示していくことになる。初代仙台支店長の蜂谷栄之助は、抱負として「農産物水産物の加工業を助成し之等工芸品を我が三越の本支店を通じて、広く全国一般消費者に紹介するに於ては、産業開発の一助ともなる」と述べている。実際、一九三三年の仙台支店の開設時には、店舗一階に物産品常設陳列の売場が設けられ、仙台支店開設後の『昭和九年中元御贈答用品案内』には東北の物産が掲載されている。

また仙台における百貨店の登場は、宮城県商品陳列所など公的施設が催事会場を担う状況が百貨店に遷移していく、という催事空間をめぐる場の変化をもたらした。三越仙台支店設置以降、宮城県商品陳列所およびその後継組織である宮城県商工奨励館での催事件数、来場者数は減少していくことになる。

これは例えば一九三六年に開催された、宮城県観光と産業創作ポスター展覧会が主催であった商工奨励館を会場とするのではなく、三越仙台支店が会場となっていたように、催事会場としての機能が百貨店に移っていったことを背景としていた。このような催事空間の変化は隣県でもみられた現象であり、昭和初期岩手県公会堂で行われていた物産陳列催事が松屋や川徳といった百貨店が盛岡に成立するようになると、それらの催事は松屋や川徳で開催されていった。

†戦前における東北の百貨店展開

三越仙台支店の開設は仙台に新たな百貨店形成を促す契機ともなった。三越仙台支店が開設されるほぼ同時期に仙台には、地場資本の藤崎が本格的な百貨店化を果たしている。藤崎は近世末期からの有力呉服商であり、一九一二年（明治四五）に株式会社化して以降、一九一九年には近代的洋風二階建て木造館を新築し、呉服以外にも取扱商品を拡大、座売式から陳列式の販売方式を採用するなど、三越仙台支店開設前から徐々に呉服専業から経営転換を図っていた。

こうした中で、一九三〇年に三越進出報道が新聞紙上でなされると、藤崎は同年、株式会社藤崎呉服店から株式会社藤崎に社名変更をおこない、一九三二年までに地下一階、地上三階部分を増床し、新たに屋上庭園、食堂を備え、食料品、靴、鞄等各種売場を設け、総床面積二八〇〇平方メートルの店舗として、本格的な百貨店になっていく。藤崎は、仙台呉服太物商組合や仙台商工会議所をはじめとした各種組織に属し、百貨店化以前から仙台における小売業の利害調整を担う立場にあり、価格協定等を堅守する姿勢を取っていた。

また新設売場には地元の中小商工業者を店舗として参画させ、三越進出に反対する地元中小商工業者を糾合したことから、百貨店化に際し地元から反百貨店運動が起きなかったことは三越と対照的であった。こうした藤崎の事例は、中央百貨店の地方進出への対抗策としての、地場系百貨店の勃興と位置づけることが出来る。

また藤崎は、開設当初商品構成や催事において東京の志向性が強かった三越仙台支店に対し、値ごろ感を押し出す販売戦略によって、「見るは三越、買うは藤崎」という消費者の評価を受けることで百貨店間の差別化を図っていった。

三越や藤崎は実店舗以外にも、宮城県外への新聞広告戦略や、外商販売などにより、隣県へも顧客層を拡大させていったが、こうした動きは、隣県の百貨店化を促す契機となり、一九三〇年代、盛岡には川徳、松屋といった在来呉服商が百貨店化していくことになる。これら宮城や岩手の百貨店は、全国的な百貨店商業組合にも加盟し、また一九三七年に百貨店法が制定されるとその対象とされた。

一方、山形や福島では法的規制を受けるような百貨店は戦前期成立しなかったものの、それぞれの地域の消費者においては百貨店とみなされる「百貨店式経営商店」が登場するようになる。山形市では、茶・茶器商であった岩淵増蔵が一九三三年三月、山形新聞紙上において「山形県の新百貨店」と銘打ってミツマスを開店。洋服、洋品、雑貨、子供用品、文房具、商品券等を主として扱っており、三階には食堂部を設けた。

福島市においては、呉服商であった中合《なかごう》が株式会社化し、一九三八年には三階建て店舗を増築して、呉服以外の洋品雑貨の販売や、三階に食堂や玩具売場を設けていった。戦前期において三越が仙台に進出した影響は仙台における地場系百貨店の勃興に留まらず、東北隣県へと波及していったのである。

戦前期には青森については菊屋、松屋の二百貨店、秋田には木内雑貨店という「百貨店式経営商店」も成立しており、一九三〇年代までに東北各県の主要都市には百貨店もしくは、「百貨店式経営商店」が置かれる状況となったのである。

一方、全国的には百貨店と中小小売商の摩擦は解消せず、反百貨店運動が社会問題となる中、一九三七年には百貨店法が制定されることになる（以下、第一次百貨店法）。第一次百貨店法は六大都市以外の地方都市にあっては一五〇〇平方メートル以上の売場面積と、衣服類、食料品類、住居用品類、その他のうち、二種類以上にまたがる取扱商品を展開する店舗を百貨店と定義し、それらを対象として、百貨店組合への加盟を義務づけ、支店を含めた店舗の新増設を商工大臣の許可制とした。

これは中小小売商保護の観点から、統制法としての性格を有していたが、反面、新規百貨店の成長を規制するものでもあり、既存の百貨店間の過当競争を抑制するものでもあった。このち日中戦争以降、戦時期の各種統制もあいまって、百貨店の新規参入は一九四〇年代に入るとほぼみられなくなった。この第一次百貨店法は大規模小売業と中小小売業の営業機会を調整するものであり、戦後に至る流通政策の基本的な枠組みが形成されたといえる。

†戦後における東北の百貨店と流通政策

第二次世界大戦後、GHQ/SCAPの政策下において、いったん一九四七年（昭和二二）に第一次百貨店法が廃止となったことで、一九四〇年代後半から一九五〇年頃にかけて、百貨店業態の新規参入が多数みられることになる。

この時期、東北地方においては、青森県では、一九四八年に富士屋百貨店（青森市）、丸わ百貨店（一九五〇年、青森市）、宮城県では、丸光《まるみつ》（一九四六年、仙台市）、丸井（一九四九年、仙台市）、福島県では、うすゐ（明治期に創業し戦後に百貨店化、郡山市）、藤越百貨店（一九四九年、平市)、寿百貨店(一九五〇年、平市)、と相次いで新規百貨店が開店している。

もっとも、百貨店の商盛が戦後すぐに回復していったわけではない。『日本百貨店組合調査彙報　昭和十七年九月上中旬合併号』に掲載された調査によれば一九四二年時点での東北地方の実売場面積は二万二二八一平方メートルであるのに対し、『全国百貨店・有名取引業者総覧　昭和26年版』に掲載された調査における一九五〇年時点での東北地方の売場面積は一万七七六九平方メートルとなっている。

一方、既存百貨店が戦前期を超えた店舗規模になっていくのは一九五〇年代以降であり、仙台では一九五二年に藤崎が戦後初の増築を果たし、岩手でも一九五六年に新店舗による営業を開始するなど、既存百貨店の新築、増床が一九五〇年代半ばに入ると進んでいった。

こうして百貨店の復興が本格化していくと、再び小売業における競争が激化、さらに百貨店は納入業者との関係において、商品が売れた分だけを百貨店の仕入れに反映させる委託仕入れ方法や、納入業者側が販売員を百貨店に送る派遣店員など、戦後顕在化する新たな商法も問題視されるようになった。

このため、一九五六年には第二次百貨店法が制定され、戦前期の第一次百貨店法と同様、店舗の新築増築の許可制等が敷かれた。一方、建物内に複数の別会社が入居し駅ビルなどで営業を行うような施設については、規制の対象外とされた。こうした形態の店舗は擬似百貨店、準百貨店などと呼ばれるようになる。

一九六〇年代以降、こうした第二次百貨店法の適用を受けないことでスーパーが急成長していく。秋田のセントラルデパートや岩手のマルカン百貨店、仙台のエンドーチェーンなどがこれにあたり、こうした業態の拡大は、百貨店からスーパーへ小売業界の主役交代の前提となっていき、一九七三年に一定の店舗規模を対象とする大規模小売店舗法の制定に繋がっていった。

参考文献

石原武政・矢作敏行編『日本の流通100年』有斐閣、二〇〇四年
井田泰人編『鉄道と商業』晃洋書房、二〇一九年
加藤諭『戦前期日本における百貨店』清文堂出版、二〇一九年
清川雪彦『日本の経済発展と技術普及』東洋経済新報社、一九九五年
神野由紀『趣味の誕生——百貨店がつくったテイスト』勁草書房、一九九四年
末田智樹『日本百貨店業成立史——企業家の革新と経営組織の確立』ミネルヴァ書房、二〇一〇年
鈴木安昭『昭和初期の小売商問題——百貨店と中小商店の角逐』日本経済新聞社、一九八〇年
谷内正往・加藤諭『日本の百貨店史——地方、女子店員、高齢化』日本経済評論社、二〇一八年
中西聡、二谷智子『近代日本の消費と生活世界』吉川弘文館、二〇一八年
初田亨『百貨店の誕生』三省堂、一九九三年

廣田誠、山田雄久、加藤諭、嶋理人、谷内正往『近鉄・南海の経営史研究――兼業をめぐって』五絃舎、二〇二一年
藤岡里圭「百貨店――大規模小売商の成立と展開」前掲『日本の流通100年』所収
藤田貞一郎『近代日本経済史研究の新視角――国益思想・市場・同業組合・ロビンソン漂流記』清文堂出版、二〇〇三年
満薗勇『日本流通史――小売業の近現代』有斐閣、二〇二一年
満薗勇『日本型大衆消費社会への胎動――戦前期日本の通信販売と月賦販売』東京大学出版会、二〇一四年
山本武利・西沢保編『百貨店の文化史――日本の消費革命』世界思想社、一九九九年

第9講 〔特論〕奥羽の幕領と海運

井上拓巳

東廻り・西廻り航路の整備による全国的海運の成立は、義務教育の教科書にも登場するほどによく知られたものである。日本海運史においても一大画期といえる両海運の整備であるが、それがどのように成立していくのか、本講ではこの点を奥羽両国の様相とともに触れてみたい。具体的には、陸奥・出羽両国の江戸幕府の支配地である幕領と、そこから産出される年貢米である「城米」の輸送を中心に、奥羽海運の展開について検討していく。

†統一政権の直轄領と奥羽

江戸時代の幕領を概観する前に、豊臣政権下に奥羽両国に設定された蔵入地について確認しておきたい。豊臣秀吉の政権下であった天正一九年(一五九一)に、出羽国内にあった秋田実《さね》季《すえ》の支配地の約三分の一にあたる二万六二四四石余りが蔵入地として設定された。これは秋田実季が天正一七年の湊合戦を咎められたための措置であったが、この蔵入地は引き続き秋田実季が管理を行った。蔵入地は秋田氏の支配地以外にも、津軽氏支配地や由利郡などに設定されていた。これらの蔵入地が設定されたのは、上方で行われる普請で使用する杉材の確保が目的だったとされている。秋田氏や津軽氏などの周辺領主などが、杉材の輸送を担当していて、日本海側の湊から敦賀まで海上輸送が行われていた。この輸送実務を請け負ったのは出羽国酒田や若狭国小浜、越前国敦賀・新保などの豪商であった。豊臣政権下において、すでに日本海海運を使った長距離輸送が活用されており、注目される。

豊臣政権下の蔵入地政策は、徳川幕府の幕領政策に継承、整備されていく。幕領の年貢米や鉱山から得られる金・銀・銅などは幕府の中心的な財源となり、幕府の運営資金に充てられた他、幕府の公儀政権の機能としての広範な社会基盤整備や対外関係費用にもその財源が充てられていた（和泉・二〇〇一）。幕領は単なる徳川家の蔵入地という性格以上に、中央政権の財政基盤として機能することになった。

慶長五年（一六〇〇）の関ヶ原合戦以降、全国支配を進める徳川政権は、西軍から没収した領地を東軍に属した諸大名に恩賞として与えるとともに、幕府直轄領に設定した。近世の奥羽は現在の福島県と山形県に多くの幕領が設定されているが、実は奥羽の幕領の設置は関ヶ原合戦後とは異なる契機によるものである。そこでここでは、奥羽の幕領の設置の様子を概観しておきたい（和泉・二〇〇一、本間・二〇〇〇、西沢・二〇一九）。

†陸奥国の幕領

関ヶ原合戦後の慶長七年に岩城貞隆の所領没収に伴い、陸奥国南郷領が幕領に設定された。もっともこの南郷領は一時棚倉城主立花宗茂の所領になり、元和六年（一六二〇）に再び幕領となるが、元和八年には棚倉に移った丹羽氏の支配となり、幕領が消滅している。会津地域に目を向けると、寛永二〇年（一六四三）に加藤明成が改易され、代わって保科正之が会津に入った。この際会津郡・大沼郡等の五万石余りが南山御蔵入領として幕領となったが、これは会津藩の預地とされた。寛永二〇年には、田村郡守山領一万五〇〇〇石も幕領となり、二本松藩預地とされた。慶安二年（一六四九）には白河藩の榊原氏から本多氏への交代に伴い、二万石分の幕領が設定されている。このように近世前期の陸奥国幕領は現在の福島県南部に限られ、その多くが周辺の藩による預地であった。

転機となったのが、寛文四年（一六六四）の米沢藩主上杉綱勝の急死である。改易の危機こそ免れたが、藩領の半分にあたる一五万石が召し上げとなり、陸奥国信夫郡・伊達郡一二万石の福島領（福島市周辺）は幕領に設定された。また出羽国置賜《おきたま》郡屋代郷（山形県東置賜郡高畠町）三万石は幕領に設定された後に米沢藩の預地とされた。福島領は関東郡代の伊奈半左衛門忠克と、その死後には嫡子の伊奈半十郎忠常の支配下に置かれた。福島に陣屋が設けられ、関東から下代が派遣されて、支配が行われていたが、寛文一〇年に国領半兵衛重次が福島代官として支配することになり、寛文一一年から延宝二年（一六七四）にかけて領内の検地が実施されるなど、幕領における支配強化が進められた。

†出羽国の幕領

一方の出羽国では、元和八年が画期であった。南北朝時代以来、最上郡と村山郡を拠点としていた最上氏が改易されたのである。その旧領には主に譜代大名が配置されたが、村山郡寒河《さが》江《え》領（山形県寒河江市周辺）二万石と由利郡内一五八石は幕領に設定され、それぞれ山形藩と仁賀保藩の預地とされた。村山郡の幕領は寛永三年に一旦消滅するが、寛永五年には上山藩領の一部である一万五〇〇〇石が幕領となり、寛永一三年には寒河江領二万石と尾花沢領（山形県尾花沢市周辺）二万石が幕領となって、村山郡内の幕領は五万五〇〇〇石となった。それ以降、村山郡内の幕領は増加し、寛文八年時点では一四万石となり、さらに寛文一一年から延宝四年までの間に実施された検地によって概ね一五万二〇〇〇石に達している。当初、村山郡の幕領は周辺の藩による預地として管理されていたが、寛永一三年に小林十郎左衛門時喬が赴任して以降、代官による支配が行われた。

由利郡の幕領も、周辺領主の断絶などに伴って徐々に拡大し、寛永一四年時点で由利郡とその周辺で一万一八五八石余となった。しかし寛永一七年には生駒高俊の入封に伴い一八五八石余に縮小された。由利郡の幕領は寛永八年まで仁賀保《にかほ》藩預地、翌寛永九年以降は庄内藩預地であった。田川・飽海《あくみ》両郡では、承応二年(一六五三)に丸岡領一万石が幕領となり庄内藩預地に、また寛文九年には大山領一万石が幕領となり寒河江代官所支配地になったほか、元禄九年(一六九六)には余目領五〇〇〇石が幕領となり、庄内藩預地となった。また前述の通り、置賜郡屋代郷三万石は寛文四年に幕領となり、米沢藩預地となった。

以上のように奥羽の幕領は、近世前期に領主交代を主な契機として設定・拡大されてきた。近隣諸藩の預地とされたものもあったが、次第に幕府直轄地が増え、代官の派遣や領内再検地等の施策により直接支配が進められていくことになる。先に述べたように、幕領は中央政権の財政基盤としての意味を持ったが、この点は奥羽の幕領でももちろん変わらなかった。幕領の年貢米である城米は、幕府財政の上でも、また政権の中心地として急速に発展していた江戸の食料需要に応える上でも重要な意味を持ち、その安定的な輸送は幕領の経営とともに幕府の急務となっていった。

†奥羽諸藩の廻米

近世前期の奥羽海運を考える上で、幕府城米輸送の前に、奥羽諸藩の廻米の存在も触れなければならない。奥羽諸藩の廻米は、実は幕府城米輸送に先行して実施されており、奥羽諸藩ではそれぞれ領内支配を進めるとともに、廻米体制の整備を進め、領内産出米を中央市場である江戸や大坂に海上輸送することで藩財政の収入としていた。たとえば仙台藩は、元和六年を初見として東廻り航路で江戸廻米を実施しているが、北上川などの舟運機構の整備を行い、石巻を廻米の拠点とするなど、廻米体制を整備していた。また弘前藩は、文禄・慶長期頃から上方への廻米を実施していたが、のちに江戸廻米と大坂廻米を併用し、常陸国潮来《いたこ》や敦賀などに蔵屋敷を設置するなど、東西両航路で中央市場との接続を確保した。幕府城米輸送に先行して、奥羽諸藩が廻米体制を整備し、東廻り・西廻り両航路で実施されていたのであり、これが奥羽海運の展開の大きな原動力となったのである。

†奥羽城米輸送の開始

先行する奥羽諸藩の廻米同様に、幕領から産出される城米の輸送体制整備が重要な課題となったのは当然のことである。幕領設置当初の城米輸送については関連史料が少ないため、実態が不明な部分も多いが、請負商人によって行われていたとされている。より早く定期的な城米の海上輸送が見られるのは西廻り航路である。万治二年（一六五九）から江戸町人の正木半左衛門等による請負で城米輸送が開始され、以降一〇年程続いている。この時期の輸送について、その実態は不明な部分が多いが、酒田を出発し、瀬戸内海を通過して、江戸まで海上輸送されたとされている。

一方東廻り航路では、関東郡代伊奈氏によって信夫・伊達郡が支配された寛文四年から一〇年の間に、江戸町人渡辺友以《ともち》による請負の城米輸送が実施されていたとされている。この時の輸送は、福島領から阿武隈川を下し、河口湊である荒浜（宮城県亘理郡亘理町）から銚子を経由して、利根川など内陸舟運を使って江戸まで輸送されていた。

このように西廻り・東廻りともに、江戸町人による請負で城米輸送が行われており、いずれも輸送の一括請負であると理解されている。例えば輸送中の事故が発生した場合は町人がその損害を負担することになっていたが、その反面請負料が高額だったと考えられている。

†河村瑞賢による東廻り航路の城米輸送

奥羽幕領の城米輸送の画期となるのは、河村瑞賢による輸送体制の整備である。この瑞賢の事績は、古くは新井白石の『奥羽海運記』にあり、また多くの研究によって詳細が明らかにされている（古田・一九四二、一九六四、渡辺・一九九二）。それらによれば、瑞賢がまず手掛けたのは陸奥国福島領城米の東廻り航路における輸送体制の整備であった。瑞賢は、国領半兵衛重次が福島代官として赴任して初めての城米輸送である、寛文一一年の東廻り航路の城米輸送を指揮している。瑞賢による輸送体制整備の意義は概ね三点に集約される。第一に、城米輸送船には、紀伊国・尾張国・伊勢国等の熟練した廻船を雇ったことである。第二に福島領の城米を阿武隈川舟運で河口の荒浜まで運び、海船で江戸へ直送することであり、つまり従来の銚子から利根川舟運に接続する経路ではなく、房総半島沿岸を回り、江戸湾に入る経路で輸送をすることになった。第三に常陸国平潟・那珂湊・下総国銚子・安房国小湊などに番所を置いて、城米輸送の監視をさせ、航路沿岸の領主に対して城米輸送の保護を命じるなど、輸送の安全性の確保をしたことである。実際の輸送に先立って、瑞賢は東廻り航路の沿岸に手代を派遣し、航路の確認を行わせるとともに、瑞賢自身も城米輸送の積出湊である荒浜に向かった。瑞賢は荒浜の在地有力者であった武者《むしゃ》惣右衛門と協議して城米蔵を建設するなど、城米の積み出しの準備を進めた。

瑞賢による準備と並行して、幕府内部でも準備が進められていた（井上・二〇〇七）。寛文一〇年一二月一日には老中の板倉重矩《しげのり》・土屋数直・久世広之・稲葉正則が江戸から仙台藩までの沿岸の湊に対して、瑞賢による城米輸送の実施を伝える浦触を発している。この浦触には、各地に配置した瑞賢の手代のことや城米輸送船の喫水線確認に関する「船足改」についても言及がある。

周到な準備が行われ、城米輸送が始まった。『奥羽海運記』によれば、寛文一一年春に城米輸送船が荒浜に向かって出発している。三月には福島領から荒浜まで阿武隈川舟運で城米を輸送しており、それとほぼ同時期に城米輸送船も荒浜に集結し、城米を積み込み、海路江戸へ向かった。五月に瑞賢は荒浜を出発し、輸送航路の沿岸を回り、城米輸送船を監視する立務場を整備しながら、江戸に戻っている。城米輸送船は七月までに無事に江戸に到着した。

†瑞賢による西廻り航路の城米輸送

東廻り航路での城米輸送に成功した瑞賢は、翌寛文一二年に幕府の命により西廻り航路での城米輸送を指揮することになった。瑞賢は西廻り航路の各地に手代を派遣して、航路の状況や地理、湊の所在などを確認させている。また積出湊となる酒田にも手代を派遣して、湊の状況を確認させていている。手代からの報告に基づいて計画を立てて、幕府に報告を行った。

瑞賢による西廻り航路の城米輸送の改善点について、主要なものとしては以下の四点である。第一に、城米輸送を行う廻船について、塩飽《しわく》廻船をはじめ、備前国日比《ひび》浦、摂津国伝法《でんぽう》等の廻船を雇用したことである。第二に出羽国内で酒田に城米を集める際に、最上川舟運を使っていたが、運賃を幕府の負担として、最上川の上流船に独占させず、下流船にも運送を任せるとともに、酒田に専用の米蔵を設けて、廻船積込までの費用を幕府負担としたことである。第三に城米輸送船には、湊に停泊した際の税を免除し、下関では水先案内船を備え、志摩国鳥羽の菅島には輸送船のために毎夜烽火することを定めたことである。第四に、輸送航路の拠点となる湊、すなわち佐渡国小木、能登国福浦、但馬国柴山、石見国温泉津《ゆのつ》、長門国下関、摂津国大坂、紀伊国大島、伊勢国方座《ほうざ》、志摩国安乗《あのり》、伊豆国下田に立務場を置くとともに、航路沿岸の領主に城米輸送船の保護を命じたことである。

こうした準備が進められ、城米輸送が実施されることになった。寛文一二年一月に瑞賢手代の雲津六郎兵衛を酒田に派遣し、城米の保管場所の整備を行わせた。保管場所の整備完了は二月のこととされるが、それ以降城米の最上川舟運を使った輸送が開始され、城米は酒田に集められた。四月には瑞賢一行が酒田に到着し、約一ヶ月間滞在して、廻米の指揮にあたった。城米輸送船は五月二日から酒田を出発し、七月には無事に江戸に到着した。

†瑞賢による城米輸送の意義

東廻り航路と西廻り航路で城米輸送を成功させた瑞賢には、幕府から金三〇〇〇両が与えられて、その功績を称賛された。瑞賢の改良点は次の四点に概ね集約できる。第一に、江戸町人による請負で行われていた城米輸送を、幕府が雇用した廻船による輸送にしたことにより、高額だった請負料を削減することができたことである。第二に、阿武隈川や最上川など舟運機構を整備し、荒浜と酒田の積出湊としての機能を整備したことである。第三に、城米輸送時には沿岸の諸藩や領主、地域社会に対して城米輸送船の保護を厳命し、輸送上の安全面の対策を講じたことである。第四に、幕領支配を行う代官所による城米輸送の体制を構築したことである。これは実務面では代官の手代が行っているが、城米輸送に百姓が関与する「百姓直廻し」などを制度化したことも、それ以降に大きな影響を与えた。

これらの事績が瑞賢の功績であることは明らかである。そのなかでも特筆すべきは手代を航路や湊の調査に派遣し、実際の城米輸送の監視などを担わせたこと、あるいは各地の拠点となる湊などで土地に精通した人物と交流を持ち、航路や湊の調査を行ったことであろう。地域の実情の把握に努め、安全な輸送の実施に万全の体制を構築し、以後の海運の基盤を築いたことこそ瑞賢の偉業ではなかろうか。

こうして東廻り航路と西廻り航路において城米輸送体制が整備された。これ以降、幕領の変遷などによる中断や輸送量の増減もあったが、基本的には幕府城米輸送は毎年継続的に実施された。明治維新に至るまで幕領を支配する代官所の管理の下で城米輸送は実施され、幕府財政を支える一つの基盤となった。瑞賢の事績とは基本的に城米輸送体制の整備であるが、これによって全国的な海上輸送がさらに発展したといえる。新井白石は『奥羽海運記』の中で瑞賢の偉業を「漕政一新」と表現しているが、それは決して誇張ではないだろう。

†城米輸送の展開

このようにして、飢饉などで城米輸送が中止されない限り、毎年城米輸送が実施されることになるが、幕領を巡る変化に伴って城米輸送が中止・変更されることがあった。例えば陸奥国福島領では、延宝七年に本多忠国が福島藩に入り、幕領は一旦消滅したため、それに従い城米輸送も停止された。その後天和二年（一六八二）に再び福島領が幕領となったことにより、城米輸送が再開されている。これは一例に過ぎないが、奥羽両国の幕領は、その支配領域や支配代官がたびたび変更されており、当然ながらそのたびに城米輸送にも変更が及ぶことがあった。

また政策主体である幕府勘定所や幕領を支配する代官所によって、城米輸送の方法が変更されることもあった。例えば、出羽国村山郡の城米は基本的に酒田から海上輸送されていたが、元禄一二年に、年貢米二万俵が奥羽山脈の笹谷峠（山形市・宮城県柴田郡川崎町）を越えて、阿武隈川舟運に接続し、荒浜経由で東廻り航路で輸送されることになった。これは凶作の影響により江戸で米が不足していたため、輸送距離が短い東廻り航路での輸送が計画されたものである（本間・二〇〇二）。米沢藩預所の屋代郷の城米が仁井宿峠（高畠町・宮城県刈田郡七ヶ宿町）経由で輸送されたことなど、奥羽山脈を越える陸路輸送に前例が全くないわけではなかったが、それでも険峻な笹谷峠越えの輸送は困難を極め、輸送に従事した百姓にとって「殊之外めいわく」（「大町念仏講帳」）なものだったという。

†津軽海峡を越える城米輸送

出羽国の城米は原則として酒田などの湊から西廻り航路で輸送されていたが、宝永元年（一七〇四）に、江戸へ輸送するにあたって、より輸送距離が短い東廻り航路を使用する計画が持ち上がった。この時期には江戸での米穀価格が高騰しており、より早急に江戸に城米を輸送する必要が生じていたことによる。

酒田を出発した城米輸送船が東廻り航路を利用する際に難所となるのが津軽海峡と三陸沖である。この地域では城米輸送が行われていなかったため、城米輸送を実施する上で幕府勘定所が浦触を出して、城米輸送船の保護など、沿岸の領主や地域社会に注意喚起が行われている。浦触は、酒田から江戸までの東廻り航路の沿岸に対して伝達された。この浦触は幕府勘定所から、庄内藩をはじめ、本荘藩、亀田藩、秋田藩、弘前藩、松前藩、盛岡藩、仙台藩の順に伝達され、各藩は領内にこの浦触の内容を伝えるとともに、城米輸送に関する注意を喚起した（水本・二〇一九）。

この年の城米輸送を行ったのは、筑前船、大坂船、塩飽船、備前船などの西国の廻船であった。筑前船は弘前藩廻米に従事するなど、津軽海峡を越えて江戸まで輸送するこの航路に慣れていたことが知られている。筑前船に代表される廻船が中心となり、新たに津軽海峡を通過して東廻り航路を使った城米輸送が行われたのであった(井上・二〇一九)。翌年以降は中断したとみられるが、正徳四年(一七一四)には江戸の廻船問屋である筑前屋作右衛門が出羽国城米の東廻り航路での輸送を指揮し、享保五年(一七二〇)時点でも筑前屋作右衛門が担当するなど、以降継続してこの航路が使用できるようになったとみられる。こうして、日本海側から江戸へ向けた城米輸送は、従来の西廻り航路と東廻り航路の併用が可能となった。

この時期に津軽海峡を通過する東廻り航路で城米輸送ができるようになった要因は複数考えられる。一つには九州の筑前船に代表される西国の廻船がこの航路の輸送に熟練していたことが挙げられる。またこの時期には、津軽海峡を含め、奥羽地方沿岸の航路が把握され、幕府が編纂した絵図などでも航路の記述内容が充実するようになっている。こうして津軽海峡を含めた東廻り航路の、より積極的な利用が可能になったのである。

†奥羽海運と全国的な海運ネットワーク

統一政権の成立、江戸開幕とそれに伴う近世前期の領主の交代が奥羽の幕領の設定につながり、その城米輸送を大きな契機として東廻り・西廻り航路の整備が進展した。城米は幕府財政の重要な財源であり、輸送航路の沿岸地域では城米輸送船の保護が命じられるなど、厳重な取り扱いが行われていた。その結果、沿岸地域の領主や地域社会による対応が行われることにより、城米輸送を含めた海上輸送全般の安全性が向上する効果があった。一方でそれらの前提には奥羽諸藩の海運の展開があり、また海路整備の前提にも沿岸地域社会の体制整備がなされていた。奥羽両国と中央市場である江戸・大坂との接続が意義を持つのは当然だが、それを可能にした奥羽の地域社会のあり方にも着目すべきだろう。

加えて、奥羽両国と中央市場の接続は、奥羽産物の中央市場への供給はもちろん、その反対に奥羽両国にもたらされる物流をも活性化させた。そして、奥羽両国のみならず、徐々に存在感を増していく蝦夷地や各地の湊を結ぶ海運のネットワークとも結びつく。江戸時代中期以降、より活発になる各地の特産品生産に対応した輸送なども含めて、奥羽海運はさらなる展開を遂げていくのである。

参考文献

和泉清司『幕府の地域支配と代官』同成社、二〇〇一年
井上拓巳「幕府直営方式城米輸送制度の成立――東廻り航路における城米輸送を中心に」『法政史学』六七号、二〇〇七年
井上拓巳『荒浜湊のにぎわい――東廻り海運と阿武隈川舟運の結節点』蕃山房、二〇一四年
井上拓巳「東廻り航路における出羽国城米輸送の成立」『歴史』一三三輯、二〇一九年

印牧信明「津軽藩の敦賀蔵屋敷と廻米制について」『海事史研究』五一号、一九九四年
斎藤善之「仙台藩御穀船の運航管理と統制――東北地域における領主的流通機構の特質」斎藤善之・菊池勇夫編『講座　東北の歴史　第四巻』清文堂出版、二〇一二年
西沢淳男『幕領代官・陣屋データベースCD-ROM版』岩田書院、二〇一九年
長谷川成一『近世国家と東北大名』吉川弘文館、一九九八年
古田良一「東廻海運及び西廻海運の研究」『東北帝国大学法文学部奥羽史料調査部研究報告』三、一九四二年、後に福井県立図書館・福井県郷土誌懇談会編『日本海海運史の研究』一九六七年に所収
古田良一『河村瑞賢』吉川弘文館、一九六四年
本間勝喜『出羽天領の代官』同成社、二〇〇〇年
本間勝喜「近世中期出羽幕領の御城米輸送」『日本私学教育研究所紀要』三六号二教科篇、二〇〇一年
水本邦彦『海辺を行き交うお触れ書き　浦触の語る徳川情報網』吉川弘文館、二〇一九年
宮田直樹「岩沼と阿武隈川舟運」『岩沼市史　第二巻　通史編Ⅱ　近世』二〇二一年
横山昭男『近世最上川水運と西廻航路』吉川弘文館、二〇二〇年
渡辺信夫『渡辺信夫歴史論集2　日本海運史の研究』清文堂出版、二〇〇二年
渡辺信夫『海からの文化　みちのく海運史』河出書房新社、一九九二年
渡辺英夫『東廻海運史の研究』山川出版社、二〇〇二年

第10講 〔特論〕神に祀られた藩主――弘前藩四代藩主　津軽信政

澁谷悠子

一八世紀初頭、奥羽の地に明君と称えられ、神に祀られた藩主がいた。弘前藩四代藩主の津軽信政（一六四六～一七一〇）は当時から英明との評判が高く、元禄期の大名「七人傑」（「近世人鏡録」）に数えられるほどであった。そのため、後世、「中興の英主」と称され、死後には信政を祭神とする神社が創建されることとなった。

本講では、信政治世の特質を示す出来事を取り上げ、信政が果たした役割やその後の弘前藩政に与えた影響などについて述べたい。

†信政の生い立ちと人となり

陸奥国弘前藩は弘前（青森県弘前市）に城地を構えた外様藩で、現在の青森県西半部一帯を統治していた。後に弘前藩初代藩主となる津軽為信（一五五〇～一六〇七）は、戦国末期、津軽地方の領内掌握をめぐって、南部氏をはじめとする諸勢力や領内のアイヌと争いを繰り広げていた。為信は、天正一八年（一五九〇）豊臣秀吉から津軽郡の支配を認められ、大名として南部氏からの独立を果たした。慶長五年（一六〇〇）の関ヶ原の戦いで為信は徳川方として出陣し、徳川政権の一大名としての地位を固めることとなった。弘前藩の石高は初め四万七〇〇〇石であったが、文化二年（一八〇五）に蝦夷地警備の功績により七万石、同五年（一八〇八）に一〇万石に高直しが行われた。なお、歴代の弘前藩主一二名のうち、江戸時代から顕彰の対象となったのは、初代藩主為信ならびに四代藩主信政の二名である（長谷川・二〇一五）。

信政は、正保三年（一六四六）七月一八日、三代藩主信義（一六一九〜五五）を父に、信義の側室久祥院を母として弘前城で誕生した。信政誕生時の様子について、弘前藩士の森内繁富が文化三年（一八〇六）頃に著した「貞享規範録」には、以下のような記述がある。信政誕生の折、津軽領内の総鎮守である岩木山から産屋に白雲が覆いかかり、硫黄の香気が漂う奇瑞があらわれたという。ここに、生まれながらにして最高の才能に恵まれた英主の誕生を祝賀する気運が描写されている。もっとも、「貞享規範録」は神格化された信政の言行を称賛するものであり、記述全てをそのまま史実と認定することはできない。なお、信政言行録の古い事例として、享保期（一七一六〜三六）に成立したと考えられる「明君夜話近士口伝集」があり、「貞享規範録」は本書を下敷きとして加筆・編集したものとされている。両書の比較検討から、信政の神格化は死後一〇年ほどでなされ、一九世紀初頭に入ると、信政は絶対的な明君かつ「中興の英主」という認識が藩内で確立されるという流れがみえる。また、信政と同様に顕彰の対象となっていた初代藩主為信の一代記「愚耳旧聴記」（一七世紀中頃に成立）にも、誕生時の奇瑞に関する文言や名将としての資質を称賛する言説が認められる。よって、「愚耳旧聴記」が「貞享規範録」に影響を及ぼしたと解釈され、ここからも信政が初代藩主に匹敵する人物として当時捉えられていたことがうかがえる（長谷川・二〇〇四）。

幕藩体制確立期にあって明君として顕彰された藩主は全国各地に存在するが、彼らの多くは著名な儒学者を側近として、儒学の思想に基づいた仁政を行うことに努めた。信政も例外ではなく、兵学者・儒学者の山鹿素行（一六二二〜八五）に入門し、後に山鹿流兵法の奥義である「大星伝」を授けられている。なお、素行を特に尊信した大名である平戸藩主の松浦鎮信（一六二二〜一七〇三）と信政は、それぞれ素行の親族や高弟を多く召し抱え、その家系は兵学師範などを務めて幕末まで続いた。

これに加え、信政は幕府神道方であった吉川惟足（一六一六〜九四）の門人となり、子の従長から吉川神道の奥義を授けられた。吉川神道は天下を治める神道として神儒一致の立場に立ち、君臣の義、知足安分などの封建的徳目を強調したことから、幕府や諸大名の信任を得ていた。吉川惟足の教えを学んだ主な大名として、和歌山藩主の徳川頼宣（一六〇二〜七一）、会津藩主の保科正之（一六一一〜七二）らがいる。

藩主就任と支配機構の整備

明暦元年（一六五五）、信政の父である三代藩主信義が死去した。翌年、幕府は嫡子信政に跡目相続を認めるとともに、信義の弟で幕臣旗本であった津軽信英を信政の後見役とした。幕府が信英を後見としたのは、相続時点で信政が一一歳（以下、年齢は全て数え年）と若く、自ら政務を取ることが不可能であったこと、前藩主時代に生じた家中騒動などによって藩政が不安定であったことから、家老とは違った強力な政治力を発揮できる人物が必要だったためと考えられる。

万治元年（一六五八）閏一二月に信政は従五位下・越中守に叙任し、寛文元年（一六六一）に一六歳で藩主として初めて津軽に入国した。信政は初入国にあたって、領内支配の基本法令である「諸法度」を出し、翌年には藩士に対して「家訓条々」を発布している。これらの法令には、幕府が寛永九年（一六三二）と同一二年に旗本・御家人に出した「諸士法度」と類似した文言が多くみられるため、幕府旗本であった信英の意思が働いたものと考えられる（福井・一九八四）。後見政治期間は七年間続き、寛文二年（一六六二）九月二二日の信英死去によって終わった。

後見政治の終焉後、延宝年間（一六七三〜八一）にかけて、信政は藩主権力を強化するため、行政・軍事両面から藩主を支える役方と番方の整備に着手していく（福井・一九八八）。番方では、延宝七年（一六七九）に手廻組・馬廻組・留守居組が創設され、各組を支配する組頭とそのもとに置かれる番頭が任命された。役方では家老に次ぐ重職として用人職が置かれ、その支配は多方面にわたり、寺社奉行・町奉行・勘定奉行から中間支配頭にまで及んだ。用人に任じられた藩士の共通点は、江戸詰めが長く、藩主信政に近侍する役に就いていたことがあげられ、信政が自分の側近を重職に抜擢したものといえる。

信政の治世を支えた人材として、素行の一族や門人である素行派と、財政・検地などの高度な知識・技術を持った実務官僚派の二つのグループの存在があった。素行派についていえば、弘前藩では素行の弟子が多く召し抱えられ、藩全体に山鹿流の学統が大きな影響を及ぼしていたことが特色としてあげられる。一例をあげると、素行の甥である田村幸則を用人職に登用し、信政の弟で素行の門人であった津軽政朝が家老に任じられた。素行派は、信政が藩主権力を強めるため、藩主側近として素行の親族・弟子を登用したものであったと評価されている。信政の藩主権力を支えたもう一つのグループである実務官僚らは、幕領検地や領内検地などでその能力を発揮して、やがて藩の勘定方や郡方を掌握し、信政の治世後期を左右することとなった。貞享元年（一六八四）から実施された領内総検地である「貞享検地」や、藩内の地方行政単位の再編、税制体系の変更など、彼らは従来の地方支配を変えていく場面で中心的な役割を担った。

†シャクシャインの戦いへの派兵

寛文九年（一六六九）六月に勃発した蝦夷地におけるシャクシャインの戦い（寛文蝦夷蜂起）は、幕藩体制に対するアイヌの抵抗であり、津軽海峡をはさんで蝦夷島に接する弘前藩にも非常に大きな影響を与えた。

この戦いは、東蝦夷地のシブチャリ（北海道新ひだか町）の首長シャクシャインらが蝦夷地に滞留していた和人を殺害したことがきっかけとなって発生した。事件の背景には、山野河海での狩猟・漁猟の生活圏をめぐるアイヌ集団同士の対立と、松前藩との交易関係がアイヌにとって受け身で不利な立場に変化していったことなどに対する不信感の高まりがあった（榎森・一九九七）。

同年七月一三日に事件発生の知らせを受けた幕府は、松前氏の一族で旗本として仕えていた松前泰広を現地に派遣し、松前藩による鎮圧隊の指揮をとらせることにした。その結果、一〇月二三日夜、シャクシャインら中心勢力は鎮圧隊に殺害されたものの、松前藩は同一二年（一六七二）までの三年間をかけてアイヌを支配下に置くための戦後処理を行った。

本件に関する弘前藩の動きをみると、派兵計画の当初案では、家老や城代を指揮者とする一番隊から三番隊で構成され、一番隊総人数は一五八二人であった。幕府の寛永軍役令に加勢派遣隊全体の実勢を照らし合わせると、旗・鉄炮・鑓は七万石の軍役に相当し、人数は一〇万石の軍役を超える規模が想定されていた。この点からも、弘前藩のアイヌ勢鎮圧への積極的姿勢をうかがうことができるといえよう。八月二七日に幕府から派兵命令を受けた弘前藩は、杉山八兵衛を総大将とする軍勢を送ることとなったが、その人数は当初案から人数を大きく削減し、七〇〇人余を派遣した。弘前藩側は松前藩が鎮圧隊の陣をおくクンヌイ（北海道長万部町）まで派兵することを要望したが、自力での鎮圧を試みた松前藩によって拒否された。結局、箱館近くの大野（北海道北斗市）まで手勢を送るにとどまり、実際の戦闘には参加しなかった。杉山らはシャクシャインらが殺害された後、一一月七日に松前を離れ、同一〇日に弘前に帰着している。

その後、幕府の内諾があってのことと思われるが、同一〇年（一六七〇）五月、シャクシャイン の戦い発生の原因を探る目的で、弘前藩は松前藩に内密で藩士の派遣を行っている。これらの弘前藩の異様とも見られる旺盛な姿勢は、後に松前藩から、松前を攻め取る気持ちかと非難された。

弘前藩にとって、幕府の命を受けて「北狄の押」のために働いたという事実は自己認識の確立につながり、後世に長く記録されるべき出来事として、同藩初の公的史書「津軽一統志」に関係史料が収録されることになった。

元禄の飢饉での失政

以上のように、信政は藩政の確立を果たしたという功績がある一方、元禄八・九年(一六九五・九六)の元禄の飢饉に際して、効果的な対策をとることができなかったという「暗」の側面も存在している。

津軽領における凶作・飢饉は、元和の飢饉(一六一五〜一六)をはじめとして、一七世紀に幾度も襲ったことが知られている。なかでも、信政治世下で起きた元禄の飢饉は、天明の飢饉(一七八三〜八四)・天保の飢饉(一八三三〜三九)と並ぶ大飢饉として記録されてきた。元禄八年六月から七月にかけて冷温・多雨の気候が続いたため、胡瓜・茄子の葉がすべて枯れ、稲が熟さない青立ちの状態となり、人々は飢饉を予感したという。しかし、当初、藩は楽観的な見通しに立っていたため、六月末には鰺《あじが》ヶ沢《さわ》湊から米一〇万俵余が移出されてしまった。七月に入ると、米価が高騰して米の払底現象が起き、ようやく領内での米穀確保や他領からの米の移入が試みられたが、それらはことごとく失敗に終わった。餓死者とその後の疫病の流行による死者などを合わせると、元禄八年から翌年にかけて七万人あるいは一〇万人が死亡し、津軽領で三分の一ほどの領民が飢饉の犠牲になったといわれている(菊池・一九九七)。

なお、弘前藩は飢饉に伴う財政難に対処するべく、同九年に藩士の大量召し放ちを行った。対象となったのは藩士総数の半数にあたる約一〇〇〇人で、藩から扶持米などを支給されていた職人、足軽、小人といった下級藩士たちに暇が出された。しかし、これらの対応は対処療法にすぎず、町同心が暇を出されたことによって弘前城下や地方での治安維持に支障をきたすという状況を招いてしまった。

元禄の飢饉は、同八年の収納米が例年の三分の一にも満たない大凶作となったことが引き金になったが、単に天候不順による凶作や備蓄米の不足からのみで引き起こされたのではない。当時、著しく増加する江戸藩邸での諸経費などを賄うため、廻米を担保とした借財に頼らざるを得ない藩財政の構造となっていた。よって、凶作であっても米を売りに出さざるを得ず、領内には米が一粒も残らないという状況(飢餓移出)が現出したのである。この飢饉は、気象災害であるとともに経済的・政治的条件が生み出した構造的なものであった。

†死後の神格化

信政は二六歳の時に吉川神道を学び始め、四〇歳を過ぎてから本格的に同神道に傾倒した。信政は吉川神道の創始者吉川惟足と二代目従長に師事し、神道において生前に授けられる号として「高照霊社」の霊社号、四重奥秘「神籬磐境《ひもろぎいわさか》之大事」を授けられた。

宝永七年(一七一〇)一〇月一八日、信政は六五歳で弘前城中において死去した。信政は生前、春日四神(津軽氏がその流れをくむとした藤原氏の氏神たち)を祀る小社のあった岩木山麓の高岡を葬地と定め、そこに自分の廟所を造るように遺言していた。信政の遺体は高岡に神式で埋葬され、城下にある津軽家菩提寺の天台宗報恩寺でも葬儀が営まれた。

信政を祀る廟所・社殿は、正徳元年(一七一一)から同二年にかけて嫡子である五代藩主信寿(一六六九～一七四六)によって整えられ、信政の霊社号にちなんで「高照霊社」または「高岡様」と称された(以下、神社名は明治時代以降の呼称である「高照神社」とする)。その後も七代藩主信寧(一七三九～八四)が宝暦五年(一七五五)に拝殿を造替、九代藩主寧親(一七六五～一八三三)が文化七年(一八一〇)に随神門、同一〇年(一八一三)に廟所門を建造、一〇代藩主信順(一八〇〇～六二)が文政一三年(一八三〇)に馬場の構築を行っている。このように、高照神社は歴代藩主によって社殿群が整備され、現在に残る社頭景観が徐々に整えられていった。当神社建造物のうち、本殿、中門、西軒廊、東軒廊、拝殿および幣殿、随神門、津軽信政公墓、廟所拝殿、廟所門が国の重要文化財に指定されている。当神社は吉川神道の思想によって創建された現存する唯一の神社であり、その価値は極めて高いものであるとされている(瀧本・二〇一五)。

高照神社の社領は弘前藩から三〇〇石が与えられ、神官である祭司役の配置や社人・掃除掛などが任命された。また、神社の門前集落として高岡集落が配置された。享保六年（一七二一）六月、掃除小頭一人と掃除小人八人の計九軒の屋敷割が行われ、同年九月に移住し、生活を開始した。当集落の人々は、田畑の耕作を行いながら、藩から給禄を受けて、神社の日常的な維持管理や祭礼時の役務を担っていた。

歴代藩主が社殿整備や維持に努めた結果、領内における高照神社の地位は次第に確固としたものになっていった。なかでも、九代藩主寧親は社殿群を整えるとともに、信政神格化の一環として「御告書付」の整備を行った。「御告書付」とは、藩の重要事項を信政の神霊に報告するという形式をとった文書であり、現在、享和元年（一八〇一）から大正八年（一九一九）までの二五三件・二五七通が高照神社に所蔵されている。このほか、「弘前藩庁日記」の「国日記」にも「御告書付」に関わる記事があり、特に蝦夷地へのロシア船来航に伴う北方問題の発生時と幕末の混乱期において頻繁に行われていた。高照神社＝津軽信政は藩主家の先祖としてのみではなく、藩全体を維持・強化する精神的支柱としての機能が期待され、その後の藩政にも大きな役割を果たしていたことが分かる（瀧本・一九九五）。

明治一〇年（一八七七）には高照神社に初代藩主為信が合祀され、津軽家や旧藩士から刀剣武具類をはじめとする奉納品が多数納められた。現存する高照神社宝物群の主体は、高照神社創建期と明治の為信合祀にあたって奉納された品によって構成されている。これら宝物群の中核をなすのは、為信が豊臣秀吉から拝領し、津軽家に宝刀として伝来した「太刀　銘　友成作」と、神社祭神の信政佩刀である「太刀　銘　真守」の二口（ともに国の重要文化財）である。この他にも、県重宝一一口、市指定有形文化財二〇口をはじめとする多くの刀剣類を所蔵している。

†神に祀られたもう一人の藩主――保科正之

信政と同時期に吉川神道を学んだ大名は複数存在するが、ここでは信政の神格化と対比するため、会津藩主の保科正之を取り上げたい。正之は、江戸幕府二代将軍の徳川秀忠の四男として生まれ、保科正光（一五六一～一六三一）の養子となって信濃国高遠藩三万石を継ぎ、出羽国山形藩二〇万石、陸奥国会津藩二三万石を治めた。正之は家老以下を指揮して民力の安定、産業の振興、流通制度の整備など、会津藩の基礎を確立した。正之と吉川神道の関わりは、寛文元年（一六六一）に正之と惟足が接したことに始まり、同一一年（一六七一）、正之は惟足から四重奥秘と「土津」の霊社号を授けられた。翌年、正之は自分の死後、磐梯山麓の見禰山にある磐椅《いわはし》神社（福島県猪苗代町）の末社となることを望み、同年一二月一八日、会津藩の江戸藩邸において六二歳で死去した。正之の遺体は江戸から会津に運ばれ、翌延宝元年（一六七三）三月二七日から二八日にかけて神道形式で葬儀が行われた。同三年（一六七五）までに墳墓や土津《はにつ》神社の本殿・拝殿・唐門・廻廊以下の工事が完了した。なお、土津神社は戊辰戦争で社殿を焼失し、現在の社殿は明治一三年（一八八〇）に建て替えられたものである（小池・二〇一七）。

信政と正之の死と神格化の在り方などを比較すると、ともに生前から自らの葬地を定め、霊社号を得て、神式で埋葬することを遺言していた点、その後の歴代藩主から領民に至るまで広く尊敬を集めたという点で共通している。また、高照神社の場合は既にあった春日四神の小社に信政を合祀する形をとったこと、土津神社は磐椅神社の末社として創設され、ともに神社の新設ではないとした点でも類似性がある。一方、相違点として、信政の葬儀は神式・仏式の両方が行われたが、正之の場合は吉川惟足の尽力で仏教色を排した形で行われた点において違いがみられる。加えて、会津藩では正之の嫡男正経（一六四六〜八一）を除く歴代藩主が神葬祭を採用したが、弘前藩では五代藩主信寿《のぶひさ》と一〇代藩主信順《のぶゆき》が吉川家に入門したものの、信政以後の藩主が神式をもって祀られることはなかった（瀧本・二〇一五）。

†信政治世の特質

最後に、信政治世の特質について触れてまとめとしたい。信政治世下の弘前藩では、成立期以来構築してきた藩体制の矛盾が露になりつつあった。領内では家臣団の再統制、地方支配機構の整備をはじめとする藩政の刷新を余儀なくされ、幕藩関係ではシャクシャインの戦いへの派兵、幕領検地や日光東照宮普請の公役負担などが下命され、難問が山積していた時期であった。これらの課題解決にあたり、信政が独裁的かつ主導的な役割を果たしたことは間違いなく、その過程で強力な藩主像が形成されていったと考えられる。特に大きな意味を持ったのが、シャクシャインの戦いへの派兵であったといえよう。戦国末期に津軽地方のアイヌを掃討して領内掌握を果たした歴史に加え、寛文期の派兵は弘前藩が近世国家において存在意義を最大限に発揮した出来事として記憶されていくこととなった。

このように藩内では信政は明君と称えられたが、元禄年間に幕府隠密が作成した大名の評判記『土芥寇讎記《どかいこうしゆうき》』では、信政の才気と知恵は優れているが、実のところ邪で欲深い人物であり、特に山鹿素行を用いたことが家中に混乱を招いたとの評価を下している。当時、幕府から素行は危険思想の持ち主と見なされ、忌避されていたため、素行に傾倒する信政の姿勢を幕府が苦々しく思っていたためと考えられる。また、素行の縁類を重用したことから、家中統制が思わしくなかったのは確かであり、信政治世後期には一門・譜代層のなかで信政の独裁的権力に対する不満が高まっていた（長谷川・二〇〇四）。

こうした手厳しい評価や藩内での不満・反発があったにもかかわらず、信政の明君像が形成されたのは、信政治世に作られた機構や体制が後代に受け継がれ、後の藩政を規定する要素が多かったことも、後世、信政が「中興の英主」として賞賛される素地が作られていった要因であると思われる。

参考文献

榎森進『増補改訂 北海道近世史の研究』北海道出版企画センター、一九九七年
菊池勇夫『近世の飢饉』吉川弘文館、一九九七年
小池進『保科正之』吉川弘文館、二〇一七年
瀧本壽史「弘前藩『御告御用』の基礎的考察」『弘前大学國史研究』九八、一九九五年
瀧本壽史「高照神社をめぐって」「岩木山を科学する」刊行会編『岩木山を科学する2』北方新社、二〇一五年
長谷川成一『弘前藩』吉川弘文館、二〇〇四年
長谷川成一『津軽信政――神に祀られた「中興の英主」』弘前市立博物館後援会、二〇一五年
福井敏隆「支配機構の一考察――寛文・延宝期を中心として」長谷川成一編『津軽藩の基礎的研究』国書刊行会、一九八四年
福井敏隆「津軽藩における支配機構の一考察――天和・貞享・元禄期を中心として」長谷川成一編『北奥地域史の研究』名著出版、一九八八年
青森県史編さん通史部会編『青森県史　通史編2　近世』青森県、二〇一八年
「新編　弘前市史」編纂委員会編『新編　弘前市史　通史編2　近世1』弘前市企画部企画課、二〇〇二年
青森県文化財保護協会編『津軽歴代記類　上・下』みちのく叢書4・5、国書刊行会、一九八二年

第11講　〔特論〕近世後期の災害と復興・防災

高橋陽一

†旅が広めた災害情報

伊勢国久居の出身で、京都で医学を修めた橘南谿《なんけい》は、医師としての見聞を広めるために諸国を旅した。天明四年（一七八四）から六年にかけては関東・北陸・東北（奥羽）をめぐり、その記録を『東遊記』（寛政七年〔一七九五〕『日本庶民生活史料集成　第二十巻』）にまとめている。その中の一節「鶴岡慈悲」は、天明三年（一七八三）の飢饉に関する伝聞記事で、出羽国鶴岡の元役人鈴木今右衛門とその妻が田畑や諸道具、衣類といった所持品をことごとく売り払い、飢民の救済費にあてたことなど、民間有志の慈善的な窮民救済のようすが詳細に綴られている。

この記事で注目したいのは、南谿が「鶴岡から酒田へ下る乗合の川船で人々が話している」のを聞いてこの情報を入手し、「矢立の墨で書きつけた」と述べていることである。近世には災害情報の記録化が進み、行政文書から日記・回顧録に至るさまざまな史料が伝存しているが、記録を残したのは災害の救済にあたった幕府・藩当局や町・村役人、さらには被災した当事者だけではなかった。旅人が書き残した旅日記の中にも、旅先で伝聞した飢饉・地震・津波・洪水等の災害情報が確認できる。近世が旅の時代であり、とくに一八世紀後半以降に旅がより活性化したことを念頭におけば、全国各地を行脚した旅人がもたらした災害情報の波及効果はあながち無視できないだろう。災害情報を、被災者から聞いた発生当時の状況と、発生後の現地の状況に大別するならば、前者には多少の脚色がみられる可能性がある一方、後者は旅人が実際に視察した現状、より具体的には復興状況の記録として注視する価値がある。

本講では、旅人が見聞した天明飢饉後の様相、および復興と防災をめぐるさまざまな立場の人々の認識と取り組みについて紹介する。なお、前者に関連するものとして、菊池勇夫氏の研究がある（菊池・二〇〇三）。合わせて参照されたい。

†家数と米価

天明飢饉後の復興状況を知る手がかりの一つが、家の軒数に関する情報である。飢饉発生から七年を経た寛政二年（一七九〇）に奥羽を旅した、上野国出身の尊王思想家高山彦九郎は、弘前・八戸・盛岡藩の主要町村における飢饉前後の家数を宿主らから聞き取り、『北行日記』（『高山彦九郎全集　第三巻　日記篇（三）』）に記している。たとえば、七戸は飢饉前には家数三〇〇軒余だったのが彦九郎来訪時には二〇〇軒余となり、八戸は一〇〇〇軒だったのが七〇〇軒ばかりとなっていた。また、青森は飢饉前に四〇〇〇軒あったのが飢饉時の焼失・餓死・疫病などによって一時一〇〇〇軒以下となり、この数年は二〇〇〇軒近くに回復していると記している。

こうした記述の真偽のほどが気になるところだが、天明七年(一七八七)に幕府巡見使に随行して奥羽をめぐった、備中国出身の地理学者古川古松軒は、旅日記『東遊雑記』(『日本庶民生活史料集成　第三巻』)の中で、「青森は三〇〇〇軒といわれるが、そのような所ではなく、現在は一〇〇〇軒ばかりである」と述べている。飢饉前の把握に違いはあるが、飢饉後に一〇〇〇軒足らずとなって数年経過し、寛政年間に入ってようやく二〇〇〇軒近くに戻ってきたと考えれば、双方の記述を矛盾なく理解できよう。概数ではあるが、天明飢饉後の復興状況を知る上で『北行日記』は貴重な情報を提供しているといえる。奥羽町村の家数は、ただちには以前の水準に回復せず、人口減少による地域の疲弊が続いていたのである。

飢饉といえば米価の動向も気になるところだが、これは旅人にとっても関心事の一つだった。『北行日記』には、飢饉時と比較した奥羽各地の米価が記されており、たとえば仙台藩領は、飢饉年には金一歩で米五〜六升だったのが、寛政二年(一七九〇)は一歩で九斗五升(米一升で約一六文)だったという。さらに、盛岡藩領の日詰郡山宿では飢饉時に米一升が二二〇〜二三〇文(盛岡城下では三〇〇文)だったのが、現在は一升一二文ぐらいであり、昔から一二文が最安値であるとも記されている。この時期には、飢饉前の最安値まで米価が下落していたのである。このほか、弘前藩領の弘前や秋田藩領の大館では一升一七文程度となっており、彦九郎が旅した当時、奥羽各地の米価は一升一〇～二〇文程度に落ち着いていたことが確認できる。

この米相場だが、同年一一月の大坂では米一石につき銀五三～五六匁であった（『日本史資料総覧』）。当時のレート、銭一貫（＝一〇〇〇）文＝銀九・五匁で計算すれば、米一石はおよそ銭五貫八〇〇文、すなわち米一升はおよそ五八文となる。ということは、奥羽の米は他地域の半値かそれ以下の価格だったことになる。

飢饉前後に奥羽を訪れた人々は、奥羽の米が安いと実感したに違いない。実際、寛政五年（一七九三）に奥羽を旅した常陸国出身の医師木村謙次は、弘前藩で一升二〇文という米価を知り、「米価が低い土地」と述べ（『北行日録』山崎栄作編『北行日録』）、古川古松軒は米沢藩領の小国付近で米価を確認した際、「近年はことのほか高値で、一石につき三貫文（一升につき三〇文）が標準である」と聞き、「こうしたこと（米価の低さ）を江戸に帰って語っても、本当だと思われまい」と驚嘆している（『東遊雑記』）。

†豊穣な土地

天明飢饉以降の奥羽の旅日記を読んで気づくのは、各地の土地に関する言及がみられることであり、とりわけ、奥羽各地を豊穣な土地だと評価する言説がみられることが特徴的である。寛政五年（一七九三）、木村謙次は仙台藩領北部の水沢付近には「肥沃な平原」があり、まさに「天府」（地味が肥え、産物が豊富な土地）と評し、秋田藩領の仙北も肥沃な土地だと記している（『北行日録』）。江戸出身の画家谷文晁も文化四年（一八〇七）に奥羽を旅した際、仙台藩領北部の三本木宿（宮城県大崎市）周辺を「一目百万石」の地で、「極めて上々田」だと評している（『婦登古路日記』『日本庶民生活史料集成　第二十巻』）。

疲弊した町場と平野部との対比が鮮明になる記述もある。天明七年（一七八七）、古川古松軒は上山城下を「皆々草葺・板屋根で見苦しい」と述べた直後に、赤禿山から見下ろした山形平野を「一〇万石もあるような畳を敷いたような田所」で、「上々国の風土」だと称賛し、仙台藩領についても、北部の栗原郡若柳周辺を「田畑が大いに開けて幾万石もあるような平地」「九州肥後より優れた風土」と賛美する一方、仙台城下を「草葺の小家が混じり、見苦しい町がある」「町内は困窮している」「天明飢饉によって餓死者が多数出て昔の面影はない」と評している（『東遊雑記』）。

肥沃な平野が広がり、米が豊富に取れているが、飢饉の影響で町場は疲弊した状態が続いている。それが天明飢饉後に訪れた人々が認識した、奥羽各地の復興状況であった。飢饉が断続的に発生した一八世紀後半に成年期を迎えていた人々は、自身が飢饉を実体験するか、どこかでその惨状を伝聞していた可能性が高い。その経験が旅先の、とくに被害の大きかった奥羽の土地へのまなざしを醸成していったのではないだろうか。

ただし、旅人の記録では、奥羽全土が肥沃だと記載されているわけではない。そもそも近世においては、気候や地理のほか、蝦夷地に通じる風土(夷風)の有無によって、同じ奥羽内でも地域評価が異なっていた(河西・二〇〇一)。この時代に、奥羽が他者からひとまとまりの「地方」として認識されていたわけではない。また、「陸奥」「出羽」といった国単位で認識が差別化されていたようにも思えない。むしろ、こうした土地に対する捉え方は、「〇〇領は××だ」といった領国を単位とする地域認識の表出だと受け止めた方がよいだろう。

†奥羽開発論へ

旅人の中には、開墾地のみならず、奥羽各地で目にした広大な未開発地や荒地に注目する者もいた。

天明四年(一七八四)から六年にかけて奥羽を旅した橘南谿は、「東遊記」の「三本木台」(青森県十和田市)の中で、「南部(盛岡藩)には広大な平地があり、新規に開発すれば上々の田畑が数千百万石得られるのに、人が不足している。土地も肥沃であり、開墾者がいないことが惜しまれる」と述べている。また、天明七年(一七八七)、弘前藩領の弘前から平舘にかけての広大な荒地を目にした古川古松軒は、「天明三年の凶作以降、さまざまに工夫したが、餓死者が多く出たこともあり、こうした状態となっている。もともと米がたくさん取れるがゆえに蓄えておくということがなかったので、そうなったのだ」と語っている（『東遊雑記』）。茫洋とした、しかも肥沃な土地が手つかずのまま残っているが、飢饉の影響もあって開墾者がいない。そうした状況が各地でみられたのである。旅人たちは、奥羽に潜在する開発資源的な可能性をそこにみたのではあるまいか。

もっとも、開墾者について、古松軒は、秋田藩領の久保田から大舘への道すがらで「このあたりの農業は不調法で百姓は愚鈍だが、米はたくさん取れることにかまけて遊び暮らし、衣服や家屋のみすぼらしさを気にすることがない」とも綴っている（『東遊雑記』）。現地人を露骨に野蛮視する表現でもあるが、実際に米の実りが豊かで食に事欠かなければ、耕地を拡大する必要はない。

ただ、米が豊富で価格も低く、それに応じて他の物価も低ければ問題はないが、そうでなかった場合、地方知行や俸禄で米を収入としている武士たちは路頭に迷うことになる。実際、弘前藩領の米価が低いと評した木村謙次は、近年他の諸物価が高騰し、武士の困窮がはなはだしいようだと述べている（『北行日録』）。そうなった場合、米価の流通量や価格を調整し、収入源となる他の資源を見出すことが必要になってこよう。こうして、近世後期には、天明飢饉の体験をもとに、新たな米の運用や資源開発によって飢饉を回避し、領国に富をもたらす方法を提唱する者が現れる。その一人が本多利明である。

主著『経世秘策』(寛政一〇年〔一七九八〕)で展開される利明の経世論は、産業の国営化、蝦夷地や金・銀・銅山の開発で知られるが、これらは飢饉対策を起点に考案されたものである。「日本国中の原野や山地まで、土地のある限り皆開発しなければ国費が不足し、飢饉時には飢渇する庶民が多く発生する」というのが、主張の根底にある認識だった(『経世秘策』『日本思想大系44　本多利明　海保青陵』)。

越後国出身の利明は、天明七年(一七八七)に奥羽を旅し、飢饉の爪痕を目の当たりにしている。天明飢饉と間引きによる人口減少の結果、数百万石にのぼる「亡処」(耕作者のいない土地)が発生したが、利明は、これは皆「国君」の過失だと、領主の失政を糾弾する一方で、米沢や秋田仙北郡では豊作時の米価は一升あたり五、六文だが、江戸に運ばれると一〇〇文になってしまうと、商人を介した米の流通システムにも批判の目を向ける。また、飢饉によって領主が貧窮したため、堀子への給与が滞り、奥羽の鉱山が閉山を余儀なくされているという(『経世秘策』)。

こうした現状に対し、利明は日本各地の湊に「交易館」を建て、領主が買い上げた米穀をそこに蓄え置き、凶作の領国へ官船によって輸送すれば飢饉を防止できるとする。そして、そうなれば全国の米の価格も平均的になり、間引きも自然となくなり、人口が増え、「亡処」の開発が進んで「大益」を得るに至ると主張する（『経世秘策』）。余剰がある奥羽の米を領主の管轄のもとで融通することで飢饉と人口減に対処し、さらなる開発につなげるプランである。飢饉を念頭においた防災・富国計画ともいえるこのプランは、利明自身が奥羽を旅し、米価の低さや荒地の多さを実感した結果、考案されたのである。

明治九年（一八七六）、天皇の東北巡幸に先立って東北を視察した内務卿大久保利通は「富強の基はこの地にある」と述べ（『大久保利通文書七』）、東北開発論を主張するが、東北の資源的可能性に着目し、米の運用や開発を主論とする天明飢饉後の経世論は、未来につながる前史ともいえようか。そして、こうした東北開発論が生み出され、人々の関心を呼んでいくにあたり、近世後期の旅の隆盛はその大きな背景をなしていたのではないだろうか。

†復興と温泉

生業史上の一八世紀後半は、従来の新田開発による耕地拡大に対し、新たな鉱山開発や海産物増産が進められていく画期だとされる（高橋美・二〇〇一）。宝暦・天明飢饉という大災害と重なるこの時期は、防災・富国論として未開発地や新たな資源の開発が提唱されていく情勢と相まって、世の中が「復興・防災社会」ともいうべき様相を呈していく。その一例として、温泉という地下資源を復興に活用しようとした仙台藩の動きを紹介しておこう。

近世の温泉は医療施設として認識され、学術研究の進展した一八世紀後半には効能が幅広く認知されるようになり、全国各地の温泉が湯治客で賑わった。安永元年（一七七二）の藩撰地誌『封内風土記』によると、仙台藩領には一七の温泉があった。その数は次第に増えていくが、温泉の発展と飢饉には密接な関係があった。

作並温泉（宮城県仙台市）は寛政八年（一七九六）に開業するが、二年後に入浴施設の拡張が計画される。湯守（温泉管理人）の岩松家は、作並村内で宝暦八年（一七五八）から「永荒引」（荒地化して年貢がかけられない状態）となり、再開発の見込みもない土地を入浴施設として利用したいと仙台藩に請願し、認められた（『岩松家文書』）。領内は宝暦五（一七五五）～七年にかけて飢饉に見舞われており、土地の荒地化はその影響によるとみられる。これは、いわば温泉を活用した地域の活性化策であり、年貢収納が見込めない土地が入浴施設として利用され、温泉税収入が得られるという点で、藩にとってもメリットのある事業であった。

これとほぼ同時期の寛政一二年（一八〇〇）、秋保《あきう》温泉（宮城県仙台市）のある湯元村村民が温泉税年額六貫五〇〇文の村請を藩に願い出た。温泉税は、入湯客が支払う「湯銭」（入湯料）から捻出され、それまで納税後の残金（温泉収益）は湯守佐藤家の収入となっていた。天明飢饉によって人口が減少し、村が疲弊する中で、温泉収益を村の収入とし、死亡者や没落者の跡地に代百姓を立てる費用として活用したいというのが村の計画であり、佐藤家もそれに同意していた。これに対し、藩は温泉税の村請は認めず、佐藤家の収入の三分の一を村に納入するプランを承認している。一部とはいえ、温泉収益が村の財源化されたことは、仙台の奥座敷として発展していく秋保温泉の歴史上画期的なことであった（高橋陽・二〇一四）。

同様の動きは、川渡《かわたび》温泉（宮城県大崎市）周辺でもみられた。寛政一一年（一七九九）、温泉への街道沿いにある岩出山町が温泉税年額九〇貫文での川渡湯守の請負を願い出た。従来の二六貫文から大幅な増額での請願である。天明飢饉後、入湯客が増加する一方で、人口減少と伝馬役負担によって温泉周辺の宿駅が疲弊しており、温泉収入を宿駅への援助と岩出山町で新百姓を立てる費用にあてたい、というのが町の主な提案であった。他町からの湯守請負請願に対し、川渡湯守の

仙台藩領の主な温泉

藤島家は反対の意向を表面する。藩は、岩出山町の請願を退け、温泉税九〇貫文での藤島家の湯守継続を命じた。審議を担当した代官は、「請願の趣旨は書面上非常によくみえるが、はたしてその通りにすべて実行できるだろうか」と岩出山町の提案に疑義を呈している(高橋陽・二〇一四)。

このように、一八世紀末の仙台藩領では、温泉の収益で地域を活性化させようとする動きがみられた。いわば温泉収益による飢饉からの本格的な復興計画である。しかし、領主である藩の反応は比較的冷淡で、地域側の請願は部分的に認められただけであった。

†復興・防災社会

単純に百姓=農民ではないにせよ、百姓身分が人口の九割を占める近世が米社会であり、農業社会であるという理解は基本的に間違っていないだろう。この社会が抱える大きな弱点は、凶作に対するもろさである。これに対し、農業以外での金銭収入があれば、凶作時に「米も金銭もない」状態を避けることができ、他地域からの食糧購入によって飢饉を回避できる可能性も開ける。人間の生存にとって食糧が最も大切であるのは当然のことで、農業以外の産業への過度な経済的依存も危険をはらむが、ここで強調したいのは、産業構造のバランスを取ることの重要性である。

天明飢饉後にみられた温泉収益による地域活性化計画は、一面では飢饉からの復興計画だが、それは地域が温泉という地下資源、言い換えれば旅行者からの収益への経済的依存度を高めていくことを意味しており、地域経済の成り立ちを多角化させ、飢饉を回避するための防災計画としても把握できよう。

もっとも、温泉や他の鉱物資源を保有する地域は限られており、こうした動きは特定の地域でのみ進捗するようにもみえるが、決してそうではない。飢饉の際、仙台藩や領民有志が窮民救済のために食糧ではなく貨幣を提供する例は広くみられ、領内の農村では、一八三〇年代の天保飢饉における米納年貢は皆無だが、貨幣での年貢上納は可能であり、一定程度の貨幣の蓄積状況を確認することができる（高橋陽・二〇一五）。また、奥羽の事例ではないが、一九世紀の漁村においても、漁業のみに依存せず、金融業等への比重を高めて経営を多角化させる村民の動きが検出されている（中村・二〇一四）。

食を支える農業や漁業以外の産業に地域経済が侵食されるという現象は、従来の捉え方でいえば商品貨幣経済の浸透であり、時として飢饉の背景をなし、庶民を没落へと導く歴史過程として位置づけられてきた。そうした側面があることも否定しないが、飢饉からの復興や防災という観点でとらえた場合、生計の途を複数確保するという意味で、飢饉時に商品貨幣経済がもたらした作用にも光を当てるべきではないだろうか。

一八世紀後半〜一九世紀前半の日本列島においては、社会のあらゆる階層で災害が意識化され、領主による農村復興や赤子養育などの社会政策、領民による窮民救済・備荒貯蓄・災害の記録化といった復興・防災対策が講じられるようになる。災害対応を軸にした領主・領民双方の諸動向が交差する当該期の世の中を「復興・防災社会」と呼ぶならば、領主による制約を受けつつも、領民主導で徐々に進展していった地域産業構造の多角化をもたらす資源開発や活用もまた、復興・防災社会の特徴的な一展開だといえるだろう。

†災害と観光

温泉による地域活性化計画を部分的にしか承認しなかった仙台藩の対応からは、当時の旅行産業の安定性に対する懐疑的な認識が透けてみえる。こうした認識を抱いていたのは、仙台藩だけではなかった。

文化元年（一八〇四）、出羽国象潟《きさかた》（秋田県にかほ市）を大地震が襲った。象潟は湖面と島々が織りなす美景で知られる景勝地であったが、地震によって土地が隆起し、潟では陸化現象がみられた。従来から潟の耕地化に意欲的であった周囲の塩越村住民は、潟の部分的な陸化を口実に全面的な開田を計画し、領主の本荘藩に請願した。この動きに対し、潟に近接する古刹の蚶満寺《かんまんじ》住職は、景勝地の存続を望む旅人の声を持ち出し、潟が残存している部分は手を加えないよう要望したが、本荘藩は住民の請願を承認し、潟は開田された。

塩越村民が開田に走ったのは、自らの生存を確保するためだったと考えられる。村の中心集落は潟と海に挟まれた街道沿いの町場だが、地震による海底隆起で船の入津ができなくなり、商業活動がダメージを受けていた。生計の途を農業に頼らざるを得なくなっていたことは想像に難くない。本荘藩はこうした事情を酌み取り、地震後の村民の生存を保障するために開田を許可したのだろう。著名な景勝地と街道沿いの集落を擁することから、現代であれば景勝地の維持と旅人のさらなる誘致、すなわち観光政策によって村の経済を再生させる方策も考えられるが、本荘藩はそうした選択をしなかった。旅行産業よりも農業の方が領民の安定的な暮らしにつながるという判断があったのだろう(高橋陽一・二〇一七)。

仙台藩や本荘藩がとったのは、旅行産業に過度に依存せず、従来の農業に基盤を置いた地域振興策だが、これもまた領主側の現状認識に基づく復興・防災社会のあり方だといえるだろう。

参考文献

河西英通『東北――つくられた異境』中央公論新社、二〇〇一年
菊池勇夫「旅人のみた天明の飢饉」『飢饉から読む近世社会』校倉書房、二〇〇三年
高橋陽一「景勝地と生業」『旅と交流にみる近世社会』清文堂出版、二〇一七年

高橋陽一「天保飢饉における村の負担」平川新編『江戸時代の政治と地域社会　第一巻　藩政と幕末政局』清文堂出版、二〇一五年
高橋陽一『湯けむり復興計画　江戸時代の飢饉を乗り越える』蕃山房、二〇一四年
高橋美貴「近代前期における水産資源の「保護繁殖」政策」『国立歴史民俗博物館研究報告　第87集』二〇〇一年
中村只吾「地域経済との関係からみた近世の漁村秩序」『関東近世史研究　第76号』二〇一四年

第12講

〔特論〕東北開発と地域有力者

徳竹　剛

本講では、東北開発を担った地域有力者について論じる。本書の第5講「明治政府と東北開発」で大久保利通による東北開発について論じられているが、その中で取り上げられている福島県の大槻原開墾および阿部茂兵衛について掘り下げることとしたい。

†安積開拓と大槻原開墾

大槻原開墾は、一八七三年（明治六）に始まる福島県庁による開墾事業である。旧二本松藩の士族や周辺農村からの移住民を対象に、県庁が開墾経費の四分の一を貸し下げて実施する手当開墾と、郡山の有力商人二五名が開成社を結社して小作農民に開墾させる自力開墾の二本立てで行われた。この開墾地は、一八七六年に安積《あさか》郡桑野村として立村するとともに、開墾事業の成果が認められて国営安積開拓・疏水事業を呼び込むこととなる。国営事業開始後、大槻原開墾は国営事業に準じた扱いとなって一八八七年まで継続したが、その後は政府や県庁の支援はなくなり、宮本百合子の『貧しき人々の群』（一九一六年）で描かれるような貧しい寒村となった。隣接する郡山町（一八八九年町制施行）の工業都市化にともなって郡山町に通勤する者が居住するようになり、一九二五年（大正一四）に郡山市（一九二四年市制施行）と合併した。その後、一九六八年（昭和四三）に旧桑野村地域に市役所が移転したことで、八〇年代には郡山市の副都心と呼ばれるほど賑わう地域となって現在に至っている（矢部・二〇二二）。

このように浮沈の激しい桑野村のありようをみると、大槻原開墾は「成功」とばかりは言えないが、一方で明治前半期においては国営事業を呼び込むという成果を挙げ、とりわけ安積疏水は農業用水のみならず工業用水・水力発電等にも用いられ、その後の発展の原動力となった。この大槻原開墾の立役者として挙げられるのが、中條政恒と阿部茂兵衛である。

中條政恒は旧米沢藩士で、一八七二年に福島県官に任用された。かねてから開拓事業に志があって熱心に大槻原開墾に取り組むとともに、その成果をもって安積開拓・疏水事業の実現に注力した。大槻原開墾を語る上で欠かすことのできない「官」側の一員である。

対して阿部茂兵衛は、宿場町郡山の有力商人であり、開成社の社長として大槻原開墾に尽力した「民」側の一人である。中條政恒が郡山を訪れ、開墾事業に参加するよう話を持ちかけたことを受けて、阿部は事業への参加を決断したのだが、彼には話を断るという選択肢もあったはずである。なぜ事業に参加することを決断したのか、それは東北地方における開発政策に参加した地域有力者の意図の一端を示すものであり、そのことが後年何をもたらすことになったのかを知ることにもなるだろう。以下、阿部茂兵衛の視点から、明治前半期の東北開発と地域有力者について論じてみたい。

なお、ここでは便宜的に「官」・「民」と分けてみたが、「官」の中は、例えば中央政府と地方官庁とで意向に食い違いがあったりするし、中央・地方それぞれの内部でも様々な意見対立が存在しうる。「民」の中でも富裕層と一般民衆とでは利害対立もあるだろうし地域間で争うこともある。「官」と「民」とがそれぞれ結集し激しくぶつかり合うというような単純な歴史イメージ、「官」対「民」という二元論的な把握の仕方は(もちろん歴史上においてそういう局面があることは否定しないが)現在の歴史研究においては脱却されつつあり、本講もまた地方官庁である福島県庁と、地域有力者という富裕層との連携や対立を考えようとするものである。

†維新期の阿部茂兵衛

阿部茂兵衛は文政一〇年(一八二七)に安積郡郡山宿で呉服・太物商を営む家に生まれた。数えで三〇歳の時に当主となり家業を継ぐこととなる。この頃には質屋・両替商も営むようになっており、六二町歩ほどの田畑も所有するようになっていた。領主である二本松藩からは永代町年寄格や永代苗字帯刀御免といった格式が与えられており、四〇歳前後で迎える幕末維新期には、郡山を代表するリーダーの一員になっていった(田中・一九七八)。

ペリー来航に始まる幕末維新の動乱は、明治維新を経て新たな時代を迎える。現在の福島県二本松市に城を構えていた二本松藩は、奥羽越列藩同盟に加わって新政府に抗したため削封処分を受け、所領であった安積郡は新政府の直轄地となった。守山藩・笠間藩による統治を経て一八六九年(明治二)三月に磐城平民政局の管轄となった郡山宿では、前年閏四月に新政府が設置した商法司による政策にもとづいて「生産方」が任命された。

生産方は、政府が一八六八年(慶応四)五月から発行し始めた太政官札を勧業資金として貸し付けて、経済活動の活性化と太政官札の普及をはかるための末端組織であり、城下町や宿場町の商人たちが任命された。郡山宿で任命されたのは阿部茂兵衛・永戸直之介・鴫原弥作の三名である。また太政官札の貸し付けばかりでなく租税の徴収や商取引の相場の報告、株仲間の解散や諸営業の認可(鑑札交付)といった機能も持っており、政府直轄地における租税徴収や生産・流通統制の担い手ともなった(森田・一九七〇)。

一八六八年の東北地方は戊辰戦争の戦場となり、翌六九年は冷温続きであった。磐城平民政局は生産方を通じて富裕層から「才覚金」という名の強制的な資金借り上げを実施し、それをもって救済米の調達を行わせた。阿部茂兵衛は須賀川の生産方柳沼新兵衛とともに石巻まで出向いて米の買い入れに奔走し、須賀川に二五四俵、郡山に一二五俵を運び入れて食用米を確保した(田中・一九七八)。

租税の徴収であれ飢饉対策であれ、立案から実行までの全てを地方官庁・官吏が直接行うわけではない。商取引に長けた商人を手足にして状況把握と政策立案を行い、その実行は地域経済に根を下ろした商人たちに行わせるのである。そして商人たちは、例えば上記の救済米の調達に即していえば、米商人として石巻から運び入れた米の払い下げを受けることで米市場で優位に立ち、売却益を手にすることになる。それは救済を行う「官」にとって効率的であり、また請け負う商人の側にも一定の利益をもたらすものであった。もちろん利益をもたらさない場合もある。幕末におけるたび重なる領主からの御用金要求は、多くの場合返済されることはなかった。それでも貧民を救済する米を買い入れるのだと言われれば断ることができないのが当時の地域有力者であり、資金を出したからには回収し、状況が許せば利益獲得を目指すのは、商人としては当然の才覚であろう。もちろん、そのしわ寄せがどこにいくのかも見落とすことはできない。

†大槻原開墾の入植者募集

一八六九年八月、白河県が設置され安積郡はその管轄下に入った。翌年六月、生産方は「生産会社」に改められることとなったが、生産会社開業にあたっては富裕層に出資が求められた。その出資金に県庁からの下げ渡し金が加わって会社の資本となり、それを勧業資金として地域内に融資するという仕組みである。この資金の多くは生糸商の買い入れ資金に用いられ、東京や横浜との荷為替も取り扱うことによって、当時の日本の主要輸出産品である生糸商いを支えた。その他、流通統制、租税の徴収、物価対策の立案、貧窮や凶作対策の金穀管理など、生産方に課されていた行政的役割も継承している。白河県内では白河・須賀川・郡山に設置され、阿部茂兵衛は郡山生産会社の頭取に就いた（森田・一九六八）。

一八七一年一一月に白河県は廃され安積郡は二本松県に属することとなり、同月中に福島県に改称された。生産会社は翌年四月に「物産方」と名を変え、阿部茂兵衛は引き続き頭取を務めた。

一八七二年一〇月、福島県庁は郡山村・大槻村・富田村・小原田村の入会地であった大槻原の開墾計画を作成し、安積郡の三人の戸長（大区小区制の小区の長）を通じて入植者を募った。これに応じたのは近郊の農家の次三男を中心に二〇〇名余りいたが、多くは自力で開墾できるような資金力ある者ではなかった。また士族授産事業として旧二本松藩士族にも移住開墾を勧めたが、十数戸が手を挙げたに止まり、計画していた入植者数を満たすことができなかった。

†阿部茂兵衛の意図

入植者募集に苦慮した県庁は、一八七三年三月に県官中條政恒らを大槻原に派遣し、十分な資金力を持ち、小作地経営の経験もあり、物産方の頭取の職にあって「官」と「民」の接点に立つ地域有力者であり、郡山の大槻原入会総代でもあった阿部茂兵衛に話を持ちかけることとした。三月一一日に郡山在勤官吏の本田治直を通じて内意を伝え、阿部はその夜に郡山の有力商人を集めて相談の機会を持った。翌一二日の夜には、中條が阿部を訪ね、事業への参加を求めた。なお郡山の有力商人である鴫原弥作・橋本清左衛門も同席している。

この時、阿部茂兵衛の脳裏にあったのは以下の三点であった。第一に大槻原は郡山の水源地であり、開墾され農地が造成されると村の水利に影響が出るということである。郡山村の水源を維持・確保することは絶対に必要であった。第二に他の郡山の有力者をいかにして説得するかである。豊富な資金力を担保する上でも、失敗した際のリスクを分散する意味でも、参加者を増やすことが必要であった。第三に商家阿部家の経営に差し障りが出るということである。阿部家の家法には「安易に小作地経営に利益を求めず商業に専念すること」とあり、開墾事業への参加はこれに反する。行きがかり上、参加するとなればリーダー格として参加しなければならず、家業に専念することが難しくなることは目に見えていた。

阿部茂兵衛のこのような悩み・躊躇は、以下の点を理由にして乗り越えられる。それは、大槻原開墾に参加することが官庁の「眷顧」（目をかけてもらうこと、ひいき）を得る機会になるということである。県庁に目をかけてもらうことで、戊辰戦争で衰退した郡山を救い、入会地大槻原をめぐる争いにも終止符が打てると考えたのだった。

まず後者から説明しよう。入会地である大槻原をめぐっては、他の三村とたびたび争いが生じており、農業を中心とする三村と商業地・宿場町である郡山との争いは農村の方に分があった。しかし県庁の事業として大槻原の開墾が始まり、郡山の商人らがそれに参加すれば、大槻原に郡山の人々が開墾地を所有することになる。入会地をめぐる争いは郡山にとって最良の形で終結することになるのである。

次に前者、県庁に目をかけてもらうことが衰退した郡山を救うことになる、ということの意味である。大槻原開墾に参加することになる郡山の有力商人二五名は開成社を結社することになる。この開成社の社史はいくつかある（後掲の参考文献を参照のこと）が、いずれも開成社結社の前史として、白河県庁の出張所を郡山に設置するように求めたが実現しなかったこと、生産会社の設立に率先してあたり、開成社の結社も即決してみせることで県庁に郡山を「有為ノ地」と認めさせようとしてきたことが書かれている。すなわち、郡山の発展のために県庁に将来有望の地と認めてもらおうとしてきたのであり、開成社の結社もその延長線上にあると位置づけているのである（徳竹・二〇二二）。

このことについて、郡山の南にある宿場町須賀川の橋本伝右衛門の回顧録『老のくり言』に以下のようにある。

郡山は生産会社の開業が早かったため、県庁から好印象を得ており、それに乗じて代官屋敷の跡地に生産会社の社屋を新築した。これは、いずれ安積郡全体の役所になることを想定して作ったものである。

郡山に残る『今泉文書』には、白河県庁の出張所の設置を求める願書が残っている。そこには「代官所跡に新たに陣屋を造営し、ほぼ完成しているので出張所を設けて欲しい」とあって、橋本伝右衛門の記述と符合する。橋本は、郡山は富裕層からの出資を早々に取りまとめて生産会社を開業させたことにより、県庁から好印象を得ていると見ていたのである。また『老のくり言』の他の箇所には以下のような記述もある。

白河県の中央は須賀川であるので県庁を須賀川に移したいと考えた。県官にも賛成者があって、田村義雄・吉田精一郎は大賛成である。最初は実現しそうな感触であったが、田村・吉田が辞職してしまい県庁移転は実現しなかった。二氏の辞職によって県庁とのつながりが途絶えたことは痛手であった橋本伝右衛門の記述からも、明治初期当時、地域の願いを実現するにあたって県官との人脈、良好な関係性が重要であると考えられていたことが分かるだろう。阿部茂兵衛も橋本と同じく、良好な関係にある県官を通じて地域に利益をもたらすこと、「眷顧」による地域振興を考えていたのである。

開成社の結社

さて、中條政恒から開墾事業への参加を求められた阿部茂兵衛は、参加する意思があることを中條に伝えた上で、開墾地に貯水池を作って水田を切り開くことを求め、その貯水池の造成費を入植者に負担させれば資金のない者は願いを取り下げるだろうと提案した。

翌一三日、戸長らは阿部茂兵衛と会談して中條政恒との会談内容を聞き、阿部の提案を了承、その夜には入植希望者および郡山の有力商人を呼び集めて、入植者に貯水池造成費の負担を求めることを伝えた。阿部の予期したとおり、資金力のない入植希望者は次々と願いを取り下げ、その場には有力商人のみが残った。阿部は残った商人達に対し、「事業に参加するかどうかはそれぞれの考え次第だが、貯水池造成費として五〇円を寄付して欲しい」と述べた。商人達からは「事業に参加しないのに寄付しなければならないというのはどういうことか」という発言が出た。阿部は「開墾事業に参加し水利を開けば入会地をめぐる争いに終止符が打たれ水不足の心配もなくなる。これは郡山全体の利益である。藩政時代には御用金と称して多額の負担が求められたが、今回は居村に降りかかる弊害を防ぐものであり、しかも富国に貢献するという名分のあることでもあるから、寄付する道理も立つであろう」と述べた。商人達はこれに同意し、阿部茂兵衛はじめ二五人の商人が開成社を結社し、大槻原開墾事業に参加することとなった。

阿部茂兵衛が中條政恒から内意を伝えられてわずか三日、中條との直接会談の場で参加する意思があることを示し、資金力がない者を排除するという県庁の意に沿う提案をし、入植者の募集にあたっていた戸長らに根回しを行った上で、有力商人を説得してみせたのである。県官から大きな信頼を勝ち得たのは間違いあるまい。こうした信頼関係の構築が、「眷顧」に結びついていくのである。

†開成社、暗転

その後、貯水池の造成、道路の整備、入植者住宅の建築などが始まり、開墾事業は順調に進んでいった。開墾地には第十区の会所として開成館という西洋風の三層建築が建てられ、小学校や遥拝所なども作られた。桑野村が立村する一八七六年までには一五七戸が移住し、そのうち開成社の小作人は六一戸であった。切り開かれた農地は水田が七六町歩、畑が一四〇町歩である。

こうした成果を挙げた大槻原開墾は、一八七六年の天皇による東北巡幸での訪問先となり、開成館は宿泊所となった。明治天皇は県官に大槻原開墾の成果を親問し、阿部茂兵衛ら開成社員および開墾事業に功労のあった戸長らを御前に召して岩倉具視右大臣から褒詞を与えた。福島県庁からも開成社に対して銀杯・礼服が与えられ、その功績が賞されている（矢部・二〇二二）。

大槻原開墾を見分した大久保利通内務卿は、この地に士族授産の開墾事業を起こすこととし、それが国営安積開拓・疏水事業になっていく。しかし、一八七七年に起こった西南戦争は政府の財政を悪化させ、翌年には大久保が暗殺されてしまった。大久保の殖産興業政策は修正を余儀なくされ、安積開拓の士族授産のモデル事業という位置づけは失われ、規模も縮小することとなった。

一方、大槻原開墾は一八七九年二月に県庁勧業課から安積郡役所の所管に変更された。この頃、開成社は小作人と対立するようになっており、事業を引き継いだ郡役所にその解決を求めていた。しかし郡役所では、開成社と小作人との小作契約の問題は郡役所の所管ではないとして対応しなかった。開成社は、「大槻原開墾は県庁と連携しながら進めてきたものであり、開成社に対しても手厚い保護が加えられてきた。中條政恒も郡役所への移管は事業に対してさらなる保護を与えるものであると述べており、その言葉通りの対応をさせて欲しい」と県庁に訴えて、郡役所の対応を批判している。こうした開成社の不満を受けてか、その年の一一月には再び県庁勧業課の所管に戻るが、その後も開成社と県庁との間ではすれ違いが目立つようになる。

県庁との関係がうまくいかない中で、阿部茂兵衛が期待をかけたのは中條政恒であった。中條は県域の中央に位置する桑野村に県庁を置き、士族授産のモデル事業として安積開拓を位置づけ、南北に走る奥州街道と太平洋・日本海をつなぐ東西の道路を桑野村で交叉させて交通の要衝とするという構想を持っていた。郡山の成長を考える上でも魅力的なプランであり、県庁ナンバー2で関係性も深い中條がこのような構想を持っていたことは、阿部にとって心強いものであった。阿部は県庁に対していわきと新潟をつなぐ道路を郡山・桑野を経由させるよう強く求め、さらに一八八二年には福島県庁の安積郡への移転を求める運動を始めることとなる（徳竹・二〇二一）。

しかし頼みの綱である中條政恒は、一八八一年八月に福島県庁から太政官に転出してしまった。続いて一〇月には明治一四年政変が起こり、それから一二月までの間に福島県官の五九名が辞任した。鈴木しづ子氏はここに明治一四年政変の地方的展開を見出しているのであるが（鈴木・二〇〇二）、郡山の有力者は明治初年以来県官との間に築いてきた人脈を失うこととなったのである。

†安積開拓・疏水事業の人脈

郡山の有力者が県庁移転運動を始めた目的は、県庁所在地となれば道路は県庁を中心に整備されることになるし、その他さまざまなインフラ、電信や銀行や学校なども自動的に手に入る。県庁所在地であることによる県政上の優先度の高さを狙ってのことであることは言うまでもない。それとともに、阿部茂兵衛は開墾事業の担い手、富国実現の貢献者であるにもかかわらず十分な支援を得ることができていないことに対する不満を口にしており、県庁移転によって身近に県官がいるという環境を作ることで、郡山や開墾地が抱えている諸課題を理解してもらおうとした。そうして良好な官民関係を作り直し、「眷顧」による地域振興を実現しようとしたのである。

すでに一八七八年(明治一一)に府県会規則が公布され、地方議会である福島県会が始まっており、地方議会の同意を得なければ県政を進めにくい状況が生まれていた。そのため県庁移転についても福島県会に建議され、一八八五年には賛成多数で決議され、議長名で内務卿宛に建議されている。府県会を通じた政府への建議という、いわば公式ルートでの要請がなされているのであるが、その一方で、県庁移転運動は三島通庸福島県令に直接建議をするところから始まっており、伊藤博文や山県有朋など政府高官に直接働きかけるということも行われている。一八八四年には、郡山の町役人を務めてきた家の出で郡書記の職にあった今泉久三郎らが上京して運動しており、その際には地方行政を所管する内務省関係者に加えて、安積開拓・疏水事業に関わって安積郡を訪れたことのある高官にも面会し、県庁移転への賛同を求めた。

上京した今泉久三郎は阿部茂兵衛に対し、「参議らに会おうとしているが、安積郡を訪れた時とは異なって威厳が高く、無理に拝謁をお願いすることもできない」と報告しており、面会が叶わず苦労していることが分かる。裏を返せば、地方視察で訪れてきた際には地域有力者と懇談する機会もあったということであり、そこで得た面識を武器に運動を試みていた。開発政策の担い手であるということは、他地域にはない政治的資源を手にするということでもあったのである。しかし、安積開拓・疏水事業の政府内での位置づけは、構想段階に比して大幅に低下しており、それに従って政治的資源としての有効性も減退してしまっていた。阿部茂兵衛が目指した「眷顧」による地域振興は、政府にとって目をかけることの意味が低下したことによって行き詰まっていくのである（徳竹・二〇二一）。

†人脈という政治的資源

阿部茂兵衛は県庁移転運動の結果を知ることなく、一八八五年（明治一八）六月に没した。

阿部家は一八八七年に家業を休業し、一八九四年には家業再建のため桑野村の小作地の一部を売却したという（矢部・二〇一二）。没した時、年齢と同じ五九万円の借財があったと言い伝えられており、郡山の発展のために財産も身も投げ打って尽くしたといえるだろう（田中・一九七八）。

阿部茂兵衛が目指した「眷顧」による地域振興は、県官からの信頼を勝ち取ることによってなされるものであり、個人的関係のたまものである。村請制にせよ株仲間にせよ、前近代の統治者は地域有力者を活用しながら統治を実現してきたのであるし、そうして構築される信頼関係は地域に利益をもたらす可能性がある。そういう認識や経験があるからこそ、阿部は県官の信頼を得ることで地域的利益を獲得しようとしていたのであろう。

しかしそれは個人的関係であるからこそ、人の入れ替えによって揺らぐことになる。しかもそれが政策転換にともなう人事であれば、その官僚とともに、その下にある人脈も切り捨てられてしまうのである。また大槻原開墾が国家プロジェクトを呼び込んだことによって、地方官庁である福島県庁だけの問題ではなくなってしまった。中央政府の方針が安積開拓・疏水事業の帰趨を左右し、福島県庁や開成社の意思をのみ込んでいくのである。いくら県官が開成社の意図を酌んだとしても、県庁の職権を超える部分では中央政府に要求するほかない。その採否は阿部茂兵衛の手から遠く離れたところになってしまったのである。

参考文献

矢部洋三編『明治開拓村の歴史――福島県安積郡桑野村』安積開拓研究会、二〇二一年
田中正能『福島人物の歴史　第9巻　阿部茂兵衛』歴史春秋社、一九七八年
森田武「直轄県における明治政府の経済政策――福島・白河地方の場合」『歴史学研究』第三五九号、一九七〇年
森田武「維新政権の地方的基盤――郡山生産会社を中心に」『歴史』第三七輯、一九六八年
徳竹剛『政治参加の近代――近代日本形成期の地域振興』清文堂出版、二〇二一年
鈴木しづ子『明治天皇行幸と地方政治』日本経済評論社、二〇〇二年
橋本伝右衛門『老のくり言』一八九六年、福島県立図書館所蔵
御代田豊『開成社創業紀事』一八七五年、郡山市図書館所蔵
開成社『開成社履歴』一八八〇年、福島県歴史資料館所蔵『福島県庁文書』
御代田豊『開成社記録』一八八五年、郡山市図書館デジタルアーカイブ

第13講　〔特論〕近代東北の教育と思想家

手嶋泰伸

†旧制中学と新制高校の連続と非連続

現在の高等学校制度は戦後の学制改革によって成立したものであり、戦前に存在していた旧制中学校のほとんどはこの新制高校に改編された。各都道府県にいくつかある、現在において創立一〇〇年を超えているような高校は、基本的にその創立年を旧制中学校が設立された年に定めている。

そのため、旧制中学の学校生活や学習内容を、我々はつい、自分たちの経験してきた高校でのそれと同一視してしまいがちである。しかし、新制高校が九年間の義務教育を終えた生徒が通う三年制の学校であるのに対し、旧制中学は六年間の義務教育を終えた生徒が通う五年制の学校であり、入学する生徒の学齢と在籍年数に大きな違いがある。さらに、新制高校への進学率は現在九七％を超えているのに対して、一九三五年の時点でさえ、旧制中学への進学率はわずかに二〇・四％に過ぎなかった（『日本の成長と教育』三九頁、一九六二）。また、戦前の複線的教育制度のもとでは、中等教育機関としては実業学校・師範学校・高等女学校といった学校がありながら、旧制高校や旧制大学に進学できるのは旧制中学卒業生に限られていた。つまり、旧制中学校は実質的に戦前のエリート養成機関として機能していたのである。

さて、大正期に活躍した思想家や文化人の思想形成過程を論じた研究は、各人物の思想形成に影響を及ぼした固有の要素として、留学や恩師などを指摘することが多いが、実は大正から昭和初期に活躍した思想家や文化人には、ある共通点が存在している。それは、彼らのほとんどが、年齢的に設立間もない時期の旧制中学で教育を受けていたということである。

これまで、旧制中学校というものは思想家の思想形成過程において、それほど重視されてきたわけではない。しかし、旧制中学は新制高校とは大きく異なった場所であり、特に設立直後で、試行錯誤が繰り返されていた明治期の旧制中学は、制度的な安定をみた大正〜昭和期のそれとも異なっていた。そうしたかなり特殊な場所で教育を受けたという経験が、全く思想家たちの人生に影響を及ぼさなかったと言えるのであろうか。

思想家や文化人の享受した教育としては、高等教育（東北の場合、一八八七年〔明治二〇〕に第二高等中学校が、一九〇七年に東北帝国大学が設置されている）に注目の集まることが多いが、より広く、東北一円の教育と思想家を俯瞰するために、本講では、明治期東北地方の旧制中学と近代の思想家たちとの関係についてみていきたい。

†東北各県における旧制中学の設立

一八七二年（明治五）の学制では第二九章において、中学校とは工業学校や商業学校、農業学校を含む小学校を卒業した者の進学する多様な種類の学校の総称と定められていた。さらに、第三〇章では外国語や医術を教える学校が「変則中学校」と定められており、中学校と呼ばれた学校の在り方は非常に多様であった。

エリートの登竜門としての旧制中学は、実質的には一八八六年の第一次中学校令によって成立したと言えよう。そこでは「中学校ハ実業ニ就カント欲シ又ハ高等ノ学校ニ入ラント欲スルモノニ須要ナル教育ヲ為ス所トス」とされたうえで、「中学校ヲ分チテ高等尋常ノ二等トス」と定められた。その後、高等中学校が一八九四年の高等学校令によって旧制高校となり、尋常中学校が旧制中学校となっていく。そして、一八九九年の第二次中学校令において、第一次では曖昧であった中学校の目的が「男子ニ須要ナル高等普通教育ヲ為スヲ以テ目的トス」と定められることで、普通教育を教授する完成教育機関として中学校は位置づけられることになった。

注目すべきは、第二次中学校令において普通教育機関として位置付けられる中学校であったが、第一次中学校令における尋常中学校はその位置付けが曖昧であったことである。そのため、設立後間もない時期の中学校において展開された教育は、高度な内容を含んでいた場合もあったと考えられる。

さて、一八八六年の第一次中学校令において、「尋常中学校ハ各府県ニ於テ便宜之ヲ設置スルコトヲ得但其地方税ノ支弁又ハ補助ニ係ルモノハ各府県一箇所ニ限ルヘシ」、「尋常中学校ハ区町村費ヲ以テ設置スルコトヲ得ス」と定められていることから、一つの府県に設置される中学校は実質的にほぼ一つに限定されることになった。そのため、その時点で府県の運営する学校がある県においては、その学校が尋常中学校となった。

秋田県においては、一八七三年に設立された日新学校洋学科を源流として一八八六年に秋田尋常中学校が設立され、一九〇一年に秋田県立秋田中学校となった（現秋田県立秋田高等学校）。また、岩手県においては、一八八〇年に設立された公立岩手中学校が、一八八六年に岩手県尋常中学校となり、一九〇一年に岩手県立盛岡中学校となった（現岩手県立盛岡第一高等学校）。一八八四年に山形県師範学校から独立した山形県中学校は、一八八六年に山形県尋常中学校と改称し、一九〇〇年に山形県立山形中学校となった（現山形県立山形東高等学校）。青森県においては、一八八四年に設立された青森県中学校が一八八六年に青森県尋常中学校となり、一九〇三年に青森県立弘前中学校となった（現青森県立弘前高等学校）。福島県でも、一八八四年に福島県福島中学校が設立され、一八八六年に福島尋常中学校と改称し、一九〇一年に福島県立安積中学校となった（現福島県立安積高等学校）。

やや特殊なのは宮城県である。宮城県内には一八七四年に官立宮城外国語学校が設置され、一八七七年に同校が廃校となった後は、宮城県に機能が移管される形で県立仙台中学校となった（一八七九年に宮城中学校と改称）。その学校が一八八六年の第一次中学校令によって宮城県尋常中学校となるが、宮城県の財政難から一八八八年に廃校となってしまう。そして、一八九一年の中学校令の改正によって「尋常中学校ハ各府県ニ於テ一校ヲ設置スヘキモノトス」と定められたことから、一八九二年に宮城県尋常中学校が改めて設立され、それが一九〇一年に宮城県立第一中学校となるのである（現宮城県仙台第一高等学校）。

珍しかった中学校への進学

のちに設置数が増えていくとはいえ、中学校令が出された当初、尋常中学校というのは県下で一校しかなかったわけであるから、中学校に進学する者は当然、非常に珍しかった。第一次中学校令が出されてから一〇年ほど経った一八九五年（明治二八）時点での全国での中学校進学率は、わずかに五・一％である（『日本の成長と教育』三九頁）。

定員が非常に限られていたということもさることながら、やはりネックとなったのは学費であった。交通機関が未発達な時代であったため、特に農村部から都市部の学校に通うためには、下宿をしなければならない。そのため、岩手県尋常中学校のように、授業料の規程において、盛岡市街二里以内に本籍のある者は一月五〇銭、その他より市内に寄留する者は三〇銭と農村部と都市部とで差が設けられていたところもある（『白堊校百年史　通史』七九頁、一九八一）。

　定員が少なく、通うための費用も決して安くはなかったため、中学校に進学する者が出ることは、地域の名誉とも認識されていた。大正期に民本主義の提唱によって大正デモクラシーの旗手とされることになる吉野作造は、故郷である古川から、新設された宮城県尋常中学校に進学するときのことを、「十五の年、小学校を卒業して新設の中学に入るべく仙台市に出た。其頃宮城県に中学校は一つしかなかつた。私の町から遠く遊学に出掛けるものは之がはじめてだといふので、小学全校の生徒は町端れまで習《（ママ、見カ）》送つて呉れた」と回想している（『吉野作造選集12　随筆』五一頁、一九九五）。古川から同じ宮城県内の仙台にある学校に通うことが、「遊学」と表現されており、街をあげての見送りまで行われていることに注目しておきたい。

　ちなみに、吉野作造の弟で、のちに第一次近衛文麿内閣の商工大臣なども務める吉野信次は、地元である古川に宮城県第三中学校（現宮城県古川高等学校）が開校されていたために、そちらに通うことができた。とはいっても、多くの庶民にとっては、中学校進学自体が大きな経済的負担を伴うものであったことに変わりはなく、中学校教育を地元で受けられたとしても、その後に更に上級の学校で勉強を継続するためには、第二高等学校や東北帝国大学の置かれた仙台などのような都市部に出なければならなかった。そのため、公的な奨学金制度が未発達であった時代においては、地域有力者に独自に借金を申し込んででも上級の学校に通い、栄達を目指そうとする者が一定数いた。例えば、一九〇三年に宮城県第三中学校を卒業したのち、第二高等学校から東京帝国大学法科大学に進み、内務官僚となった後に初代の塩竈市長も務めた守屋栄夫が、戦前日本第二位の大地主であった桃生郡の齋藤善右衛門より必要な学資を借りていたことを示す史料が近年、東北大学附属図書館の所蔵する『齋藤養之助家史料』の中から発見された（「守屋栄夫貸借増債分」）。守屋栄夫の栄達は、地域有力者による学資貸与があったからこそ可能であったのだった。

†豪華な教師陣

尋常中学校は当初、一つの府県に一校しか置かれなかったため、府県の威信が懸けられ、高等学校等の上級学校に引けを取らないような豪華な教師陣が揃えられる場合があった。そして、そうした教師陣が、多くの生徒の人生に多大な影響を及ぼしたのであった。

福島県尋常中学校では、一八九〇（明治二三）〜一八九三年の期間、ハリファックス（Thomas Edward New Hallifax）という教員が英語教育にあたっていたが、彼は英語教育を重視する福島県によって当時の校長の二倍以上、一般的な教員の四倍近い月俸一二〇円で招かれていた。ハリファックスに親炙していた生徒の一人に、後にイェール大学初の日本人教授となる歴史学者の朝河貫一がおり、朝河は県会議員にハリファックス留任の嘆願書を送っている（『安中安高百年史』二一三〜二一四頁、一九八四）。ハリファックスに影響を受けた朝河はその後、東京専門学校でも英語などの勉強を続け、アメリカに留学することになる。同様に英語教育を重視した学校としては青森県尋常中学校があり、一八八八〜八九年にかけて、アメリカ人D・N・マッキンターフが月俸八五円で雇われていた（『鏡ヶ丘百年史』二一一頁、一九八三年）。

吉野作造が通っていたころの宮城県尋常中学校の校長は、『言海』を刊行し、既に学名の高かった大槻文彦である。大槻は宮城県の強い要請によって校長に就任したのであったが、吉野作造は「当時の人達は、この新設の学校を昔の藩黌の延長とでも考へたのであらう、旧藩時代の養賢堂の頭領たる大槻磐渓の跡をつぐ文彦先生は是非とも来つて新設中学の采配をふるべきだといふので、嫌がるのを無理に招聘したのだといふことを後できいた。校長が大槻先生であつた為めか、部下の先生には中学によすぎる程の人が多かつたと思ふ。今の一高教授今井彦三郎先生の如きも当時の重なる先生の一人である」（『吉野作造選集12』五一頁）や、「好学の志向を起させし人としては、小学校時代の校長山内卯太郎、中学校時代の校長大槻文彦の両先生に負ふ所多く」（同前、二一頁）と回想している。吉野が中学への進学を「遊学」と表現したことにも、教師陣が豪華であったことが関係していよう。大槻に目をかけられた吉野は（田澤・二〇〇六）、理科大学に進んで数学を学ぶという進路を四年生のときに変更し、二高の法科に進学するのであった（『吉野作造選集12』五六〜五七頁）。

一九〇〇年から一九〇九年まで山形県立荘内中学校（現山形県立鶴岡南高等学校）の校長を務めたのは、『法学通論』（東華堂、一八九九年）などの著書があり、第五高等学校の教授から転じた羽生慶三郎であった。彼の影響から、荘内中学校では複数の五高出身者が教員を務めていた。羽生校長時代に荘内中学校に在籍していた生徒に、後の国家主義者大川周明がいる。一九〇三年二月一二日の日記に「余は此中学を卒業すると先づ早稲田大学に入学して文学科を卒業し」（『大川周明日記』五頁）と書いていた大川が、第三希望とはいえ進学先に五高を選んだのは、校長や五高出身の教員の影響であったと考えられている（大塚・二〇〇九）。大川は五高に進学後、そこで社会主義に傾倒したことで、その後は様々な思想遍歴をたどりつつも、社会変革や国家改造を目指していくのであった。

初期の旧制中学校には、その後に高校や大学に転じる教員が多数いたが、そもそも旧制中学の教員を経験したのち、高校や大学の教員に転じる教員は、近代を通じて少なくなかった。ややあとの時期のこととなるが、一九二〇（大正九）〜三〇年（昭和五）において帝国大学文学部を卒業して中学校の教員となった者のうち、ほぼ三割が高等教員に転じており、中等教員はアカデミックポストを得るためのキャリアパスの一つとも考えられていた（山田・一九九四）。

旧制中学では教員免許状を有していなくとも授業をすることが可能で、教員の採用においては、校長が実質的な決定権を有していた。宮城県第三中学校で一九〇一年（明治三四）から一九〇三年まで嘱託教諭を務めていた坪内逍遥の甥である坪内銑雄は、その経験をもとにして「当世教師生活」という作品を執筆している。そこでは、主人公が田舎の中学校に赴任する際に、友人から「現時中央の学術界文学界宗教界政治界に有名な人々も一二度は田舎教師をした履歴のある例などを引きて」その話を持ち掛けられ、友人の知人である校長に紹介されたうえ、ほぼその場で採用が決定する様子が描かれている（坪内・一九〇五、二四六〜二四八頁）。

旧制中学校には、著名な校長に引っ張られてきた学者肌の教員や、高等教員への転出の野心を抱いている教員がいたために、かなり専門的な授業が展開されることがあった。実際に高等教育機関へ移った教員も多い。前述した尋常中学校の位置付けの曖昧さもあって、特に初期の中学校は現在の高校とは同一視できない、半ばアカデミックな場であったと言えるであろう。そうした特殊な文化空間が、大正から昭和初期の思想家や文化人の人生に影響を与えていたのであった。

ちなみに、そのような高度な授業についていけなかったことや、経済的な理由によって、初期の旧制中学の中途退学率は驚くほど高かった。学校によってばらつきはあるが、例えば一八九二年に設立された宮城県尋常中学校の中途退学者は、一八九四年で八二人、一八九五年で九一人、一八九六年では二〇八人にのぼっていた（『仙台一中、一高百年史』三〇頁、一九九三）。

秋田県尋常中学校でも、卒業生が入学者の一〇分の一に満たなかったことが、一度ならずあった（『秋高百年史』四一頁、一九七三）。

†頻発したストライキ

設立間もない時期の旧制中学は半ばアカデミックな場所であったがために、風紀取り締まりもまたおおらかなところがあった。ところが、徐々にそれが厳しくなると、ストライキが頻発するようになった。二高において、一八九七年（明治三〇）に校長の吉村寅太郎の厳格な教育方針に対する反発から学生のストライキが発生し、結果として校長が澤柳政太郎に交代することとなったが、旧制高校との位置づけに曖昧な部分を残していた各地の中学校でも、同様の事件が起きている。例えば、宮城県尋常中学校では一八九五年に大槻文彦が校長を退任した後、次の校長がドイツ式の厳しい教育方針であったことから生徒が反発し、校長排斥運動が勃発した。宮城県庁までデモ行進が行われるなどし、校長が交代して首謀者が停学処分となったことで、ようやく騒動は沈静化した（『仙台一中、一高百年史』三三～三四頁）。

こうした生徒によるストライキが、近代の思想家や文化人の人生に大きな影響を与えたこともあった。山形県尋常中学校では、校長の方針に反発して生徒のストライキが発生したが、それによって退学処分となった者の中には、『三太郎の日記』で知られ、後に大正教養主義の流行に絶大な影響を与えることになる阿部次郎がいた。阿部は上京して井上円了の計らいで京北中学校に編入、その後は第一高等学校に進んだ（竹内洋・二〇一八）。阿部の人生は非常に波乱に富んでいるが、その起点と言える事件であった。

また、一九〇六年には校長による風紀取り締まり強化への反発から秋田中学校でストライキが発生した。そのために退学処分となった者の中には、東京帝国大学文学部教授として、日本のゲーテ研究の草分け的な存在となる木村謹治もいた（『秋高百年史』一〇四〜一〇五頁）。木村は退学処分となったのち、上京して慶應義塾普通部に転入し、そこから第二高等学校へと進学している。

校長の方針への反発からではなく、教員間の対立が原因であったが、盛岡中学校でもストライキに発展し、着任した新校長が岩手県知事から生徒の素行取り締まりの指示を受けていたため、試験における不正行為のあった、歌人となる石川啄木が退学を勧告された（キーン・二〇一六）。退学後の啄木は上京して作歌活動を本格化させようとすることになり、最終的には結核の発症で連れ戻されることになるが、歌人としての啄木の出発点は中学校で遭遇したストライキであったとも言えよう。

以上みてきたように、特に設立間もない時期の旧制中学は半ばアカデミックな場所であり、そうした教育・文化空間での経験や事件が、近代日本の思想家や文化人の人生に大きな影響を与えていたのであった。

参考文献

安積高等学校百年史編纂委員会編『安中安高百年史』福島県立安積高等学校創立百周年記念事業実行委員会、一九八四年
岩手県立盛岡第一高等学校校史編集委員会編『白堊校百年史　通史』岩手県立盛岡第一高等学校創立百周年記念事業推進委員会、一九八一年
大川周明顕彰会編『大川周明日記』岩崎学術出版社、一九八六年
大塚健洋『大川周明　ある復古革新主義者の思想』講談社、二〇〇九年
記念誌作成委員会編『鏡ヶ丘百年史』弘高創立百年記念事業協賛会、一九八三年
『秋高百年史』編纂委員会編『秋高百年史』秋田県立秋田高等学校同窓会、一九七三年
仙台一中、一高百年史編纂委員会編『仙台一中、一高百年史』宮城県仙台第一高等学校創立百周年記念事業実行委員会、一九九三年
竹内洋『教養派知識人の運命　阿部次郎とその時代』筑摩書房、二〇一八年
田澤晴子『吉野作造　人生に逆境はない』ミネルヴァ書房、二〇〇六年
坪内鋭雄『宗教と文学』文明堂、一九〇五年
ドナルド・キーン著、角地幸男訳『石川啄木』新潮社、二〇一六年
文部省『日本の成長と教育――教育の展開と経済の発達』帝国地方行政学会、一九六三年、第六版

山田浩之「帝国大学文学部卒業生のキャリア――高等教育機関での移動を中心にして」『松山大学創立70周年記念論文集』一九九四年
『吉野作造選集12　随筆』岩波書店、一九九五年

第14講 〔特論〕東日本大震災と歴史学——史料レスキューの現場から考える

佐藤大介

東日本大震災の経験と歴史学

二〇一一年三月一一日、午後二時四六分、東北地方太平洋沖を震源とする巨大地震が発生。それにともない発生した巨大津波が襲った。さらに、これらを起因として福島原子力発電所の事故が発生した。いわゆる「東日本大震災」は、発生から約一二年を経過してもなお、被災した各地に影響を及ぼしている。

歴史学に関わる人々も、直接に被災し、生活に影響を受け、被災地からの情報を知るなど、それぞれの立場で震災を経験した。そのことは、次のような実践や研究活動につながっている。①被災した史料の救済と、それに基づく地域の歴史再生。②震災自体の記録を収集し、将来の歴史資料として継承する。③同時代の経験を踏まえて過去に起こった災害（歴史災害）の再検討および掘り起こし。④日本史の中での「東北」の位置づけを踏まえた震災の歴史的位置づけ。

いずれも重要な問題であり、相互に関連をもつ現在進行形の課題であるが、ここでは①に絞って述べていくこととする。私自身がその活動に関わっているから、だけではない。実践を通じて、歴史学と社会の関わり方について考え直す上の重要な機会になっていると考えるからである。

†日本の地域に残る史料（古文書）の危機

日本の地域社会には、かつての旧家の子孫や、自治会、企業などに多種多様な史料が残されている。古文書、日記、写真やアルバム、生業や生活に用いた道具、絵画などである。後述する阪神・淡路大震災以降、日本各地の被災地で取り組まれてきた「史料レスキュー」では、これらすべての保全が対象となるが、ここでは特に「古文書」に絞って、現況を確認しておく。

日本の地域社会には、地域の歴史や記憶を伝える文献記録――「古文書」が膨大に残されている。江戸時代に限っても、少なく見積もって二〇億点という試算がある（奥村・二〇一二）。支配者である武士と被支配者である百姓（農・工・商）との間で、法令や税金（年貢）などの情報を文書によってやりとりすることが基本とされた。一方で自らの生業において必要な記録として、さらには読書や俳句、紀行文など文字での創作活動を盛んに行っていた人々の歩みの中で生み出されてきた。その存在自体が、文字を身近なものとしてきた日本社会の文化的特質だともいえる。地域社会のなかにこれほどの質量の記録が残されている状況は、他の国や地域では見られないと、私の交流した範囲ではあるが、海外の関係者から異口同音に指摘される。

現代の日本において、これら古文書のほとんどは、かつての旧家の末裔も含む個人宅や、各種の地域団体などで、私的な所有物として保存されている。しかし、日本の文化財保護や文書管理に関係する法令では、その管理や継承の責任は所蔵者とされ、公的な保護のしくみは弱い。一方で、農林水産業に支えられた経済の衰退と、都市部への転出などを通じた地域社会の衰退を背景に、そこで担われてきた史料の保存と継承の仕組みが失われつつある。さらに、現代を生きる所蔵者や地域の住民の多くは、くずし字や、歴史的仮名遣いで記された文書を読みこなせず、所蔵されている古文書の内容を知らない場合が多い。このような所蔵者や地域の人々の関心に応えてきた、地域の歴史や文化に通じた「郷土史家」と呼ばれる人々の減少も指摘されて久しい。

これらの問題を背景に、地域に残された古文書は、日々失われつつあると考えられる。都道府県単位で所在確認調査を行った例では、二〇年から三〇年程度の間に三〇パーセント前後が「所在不明」の状態になっているという（西村・二〇一九）。

†自然災害と「史料レスキュー」

古文書など史料の保存と継承を取り巻く潜在的な危機が一挙に表に現れるのが、広域に被害を及ぼす自然災害である。地震や洪水などで史料が傷つくといった、直接の被害だけではない。例えば、建物の専門家による応急危険度診断によって「全壊」の判定を受けた建物は、解体に公費が支出される。この「公費解体制度」を引き金に、中で保管されていた「古いもの」が失われる。さらに被災を一つの区切りととらえて、取り扱いに迷っていた「古いもの」を処分する。これを放置しておくと、地域社会から、その歴史や記憶の証となる史料が一挙に失われる。

戦後の日本において、以上の問題に対する組織的な対応がなされたのは、一九九五年一月一七日に発生した阪神・淡路大震災がきっかけである。法令上の指定文化財ではない、地域社会に残る史料については、ボランティア組織である「歴史資料ネットワーク」(通称・史料ネット)が中心となって救済された(奥村・二〇一二)。神戸での経験は、その後日本列島の各地で毎年のように発生するようになった広域自然災害の被災地へと広がっていった。二〇二二年三月時点で、全国に三一の「史料ネット」が組織されている。多くは大学を拠点に、学生や地域住民がボランティアベースで協働して、古文書その他の史料の保全に取り組んでいる。

†宮城での史料レスキュー――災害「後」の救済から災害「前」の保全へ

私が現在生活している宮城県では、二〇〇三年七月二六日に発生した、同県北部での連続直下型地震をきっかけに、宮城歴史資料保全ネットワーク(以下、宮城資料ネット)が結成された（平川・二〇〇五）。神戸の史料ネットからの助言を受けて、仙台圏に所在する大学の歴史系の研究者や学生が中心となって組織された。被災した地域の行政や市民と協働して、当時の五つの自治体の一九二軒の所蔵者を訪問し、日本有数の近代地主だった齋藤善右衛門家の文書記録を含む約二〇万点の古文書を保全した。一方で、地震をきっかけに、あるいはすでに地震以前に処分されていた事例も多数確認された。調査の基礎情報としたのは各自治体の自治体史などの刊行物だったが、災害が起こった時点での古文書の所在は、関係者の誰にも情報がなかった。さらに、大学の歴史研究者と、地域の所蔵者や行政との繫がりは薄く、「古文書」や「史料」とは何であるのか、普段から共有する機会がなかったためである。この時、国の地震調査研究推進本部から、一九七八年六月一二日に発生し、仙台市などに大きな被害をもたらした宮城県沖地震と同じ震源での大地震が、約四〇年周期で発生する可能性が公表されていた。二〇〇三年のように、事前の準備がなければ、再び地域の古文書が失われる。災害「後」の史料レスキューから、災害「前」の保全活動として、活動を継続することになったのである。

活動の柱は、次の二つである。一つは、自治体など地域単位で、短期間に訪問調査を行い、古文書その他の所在を確認する「所在確認調査」。もう一つが、所蔵者ごとにデジタル撮影で古文書の内容を記録する「一軒型調査」。仙台圏に一定数の大学院生が在籍していたことを前提として、大学で調査情報を整理し、それぞれの成果として「所在調査報告」と「古文書写真帳」を作成。それを関係者間で共有したのである。

これらの活動は、地域の行政や住民とともに行うことを原則とした。これらの事によって、身近に古文書その他の史料があることを知ってもらうとともに、関係者がお互いに面識を持つことが出来たのである。

活動を始めてから五年が過ぎた二〇〇八年六月一四日、宮城県と岩手県の県境付近を震源とする、岩手・宮城内陸地震が発生した。この時には過去の経験を生かして、災害当日から活動を開始した。「災害から古文書を守る活動」があることも一定度普及しており、被災した宮城県大崎市と栗原市で四〇軒の所蔵者方を訪問し、未把握だった史料を救出したのである。

二〇一一年三月一一日の大地震と津波の前、所在確認調査を行っていたのは、かつての仙台藩領に属していた宮城県および岩手県南部の、四一二軒に及んでいた。

†「もっとも悲しい実証」——東日本大震災で消えた古文書

あの日、特に津波が襲った地域では、それまで残されていた古文書や地域の記憶の証となる記録類が、数多く失われたと考えられる。

その一例として、宮城県石巻市雄勝町の永沼家文書がある。同県北上町（現・石巻市）の町史編さん事業の中で、地元の住民と協働して、約一万五〇〇〇点の古文書全点をデジタル撮影した。原本は、三月一一日の津波ですべて失われた。同市の北上総合支所で保管されていた画像データも、津波で消滅。私も含めた関係者が仙台市で保管していた画像データが残った。なぜ災害が起こる「前」に古文書の所在を把握し、記録しておく必要があるのかを語る「もっとも悲しい実証」となった。

被災した地域で、どれほどの古文書が失われたのか。その数を正確に知る事は出来ない。災害「前」に、完全な形で所在が把握できていなかったからである。古文書や記録が消滅するということは、それらに基づいて地域の歴史を知ることが出来なくなることを意味する。すなわち、被災した地域では、「ふるさとの歴史と記憶」を失う危機に直面している。

†被災地での史料レスキューの展開

甚大な被害を受けた宮城県や、岩手県、福島県、茨城県では、文化財・地域の史料の救済保全活動が展開された（東北地方太平洋沖地震被災文化財等救援委員会編・二〇一二・一三）。国も二〇一一年四月から、文化庁による「文化財レスキュー事業」を実施。その中では、地域社会に残された古文書その他の史料を含む「未指定文化財」も救済の対象として位置づけられた。とはいえ、実際に地域社会でこれらを救出する活動の中心となったのは、それぞれの史料ネットや、被災者も含む市民ボランティアたちであった。

また、「史料レスキュー」という被災地支援活動があることを、テレビ・ラジオや新聞を通じて呼びかけた。インターネットは早期に復旧したが、所蔵者に対しては以前からなじみのあるメディアでの呼びかけが効果的だったようだ。また、震災以前から交流のあった自治体の担当者や郷土史団体とは、被災直後から電話やメールを通じて情報の提供を求めた。災害「前」にネットワークが構築されていたことで、古文書などの史料は「守るべきもの」という認識が共有され、救出につながっていった。ボランティアの活躍については前述したが、被災した所蔵者および郷土史関係者、さらには避難所など被災者対応が多忙を極めるなかでも時間を作って巡回調査を実施した市町村の文化財担当者の懸命な保全活動があったことも特筆しておきたい。

宮城資料ネットが救出した個人所蔵の古文書は八七件、推計一〇万点。このうち六〇パーセントほどは、被災から二年後の二〇一三年までに救出されたものである。国の「文化財レスキュー事業」は二〇一四年三月で終了したが、その後も断続的に所在が確認されている。「復興工事」による建物撤去、さらには宮城県全域に甚大な被害を及ぼした二〇一九年一〇月の台風一九号に際しての史料レスキューに際して、その八年前の津波で被災した古文書について相談を受けた事例もあった。広域かつ大規模な災害後においては、史料レスキューの呼びかけを長い期間行う必要がある、ということを示している。

†史料レスキューがもたらしたもの──市民ボランティアの動向と意識

宮城資料ネットでは、記録が確認出来る二〇一一年六月から、新型コロナウイルスの感染が拡大する直前の二〇一九年一二月の間で、延べ八〇〇〇人を超えるボランティアの参加を得ている。このうち五〇〇〇人は、仙台市および周辺の市民である。

今回の震災で救出した約一〇万点の古文書の多くは、津波によって水濡れしていた。そのまま放置すればカビの繁殖などで劣化・腐敗して消滅する。これに対して、保存科学分野の専門家が、古文書の取り扱い経験を持たないボランティアでも可能な応急処置方法を開発し、宮城も含めた被災地の史料レスキュー組織に提供した。そのことが、市民ボランティアの参加を可能にしたのである。それでも、膨大な被災史料をまずは真水で洗浄し、そこから安定した状態にするまでの作業には長い時間を要している。

一方で、活動が長期化したことは、継続して参加し続ける市民ボランティアにとって「毎日の生活の一部」として、原史料に触れる機会をもたらした。そこから、自分が取り扱っている史料が何であるのかという関心が高まり、ボランティアによる自主的な古文書解読サークルが発足した。その成果に基づく古文書を解読した史料集を出版（高橋編・二〇一九）するまでに至った。

参加者の中のある女性は、次のような趣旨の談話を残している（『毎日新聞』二〇一六年八月一六日付夕刊）。沿岸部を除けば比較的早くに生活が復旧した地域で暮らす中で「被災者」とされることが心苦しく、支援活動をしたくとも、力仕事には参加できずにいた。その中で、「被災した史料の修覆」という形で参加できたことは、自分自身の「心の復興」にもつながった。このことは、史料レスキューが「モノの保存」にとどまらない、「人への支援」としての可能性を持っていることを示唆している。

†歴史を再生する取り組み――地域誌と「大字誌」

一方で、「古文書に基づき歴史を叙述する」という、歴史研究者がもつ専門性を生かした支援が取り組まれ、現在でも続いている。

宮城県の例としては、宮城資料ネットによる全一〇冊の「よみがえるふるさとの歴史」シリーズがある。中世から近現代に至る時期を、災害史や環境史も含めた多様な題材で叙述したものである。この企画の背景にあったのは、先祖や地元の歩みを知りたいという被災地からの要望であった（平川・二〇一四）。このような要望は震災以前の活動から寄せられていたものだが、自らの日常が失われ、住民の転出やその後の復興事業を経て、元のふるさとに戻ることはないという状況によって、その思いが一層高まったという状況があった。

また、仙台市沿岸部では、市の震災伝承施設を拠点に、郷土史家の菅野正道と行政、住民が協働して被災地のフィールドワークを行った上で、江戸時代の集落単位の生活誌が復元された（菅野・二〇二一）。また、集落の現地再建を決断した集落の住民と、歴史学者の菊池慶子や環境学などの研究者の協働により、江戸時代に形成された海岸林と中心とする景観再生を軸とする復興まちづくり活動が展開している（岡・平吹編・二〇二一）。

福島県の原発被災地では、地域社会に残されている史料レスキュー活動に着手出来るようになったのが、被災から二年後の二〇一三年に入ってからの事であった（阿部・本間・二〇一四）。地域の存続が危ぶまれる中で、自らが暮らしてきた地域の歴史を明らかにして、記録として将来に継承したいという住民からの要望をうけ、浪江町請戸《うけど》地区（大字請戸区・二〇一八）、双葉町両竹《もろたけ》地区（西村・泉田・二〇一九〜：続刊中）、富岡町小良ヶ浜《おらがはま》（富岡町教育委員会編・二〇二二）で、住民と歴史学の研究者、行政との協働で「大字誌」の編さんが進められている。専門家による歴史叙述のみならず、地域住民に口承として伝わる過去の歴史や、近い時代の記憶が記録化され、その両者の関係の中で「大字の歴史」を復元する取り組みがなされている。

広大な被災地のすべてではなかったにせよ、各地での活動によって、史料を消滅の危機から救い、次の世代に歴史をつなぐ手がかりが残され、様々な人が史料や歴史を通じてつながる「場」が生まれているのである。

†被災地との関係が問い直す歴史学・研究者の役割

東日本大震災で改めて問われたのは、地域の史料保全を通じた、個人や社会との歴史研究者の関わり合い方であった。

平川新は、東日本大震災後に、自らの史料レスキューを通じた市民交流の経験を踏まえ、「郷土史」や「郷土愛」を「科学的でない」と否定してきた戦後歴史学のあり方に疑問を呈した。歴史研究者は自分が生まれ育った・住んでいる地域のみならず、フィールドとする地域を郷土としてとらえることが必要であり、その郷土を調査・分析し、その地域にある古文書やもろもろの文化財を未来に残していきたいと考えることが自分にとっての「郷土史研究」であり、「郷土愛のあり方」としている（平川・二〇一四）。

これを受けて、阪神・淡路大震災以来、日本での史料レスキューをリードしてきた奥村弘は、災害時の歴史資料保存は、研究者と市民が持続的に協力しながら、歴史資料の収集や分析、歴史像形成、次世代への歴史資料と歴史像の継承という全領域で相互に関係し合う方法を問うことで歴史学研究の領域を豊かにすることが、自らが提起する「地域歴史資料学」の目的だとした（奥村・二〇一五）。

一方、福島の原発被災地での大字誌編さんの中心にある西村慎太郎は、「いま」を生きる住民や関係者が将来に歴史を継承する責任があることを指摘しつつ、「過度な使命感」にとらわれることを否定する。ブログやSNSを通じて調査の過程を逐次公開している西村は、「ブログをきっかけとして多くの人々と知り合いになり、また仲間からの支援を受けた」といい、「大字誌を作ることは、いろいろな人と人とをつなぐ架け橋になるのかも知れないと、最近は感じるようになりました」(西村・二〇二一)とする。

三者に共通するのは、研究者の問題関心からではなく、地域や住民の側の要望や事情に応え、史料を通じて「いま」を生きる人々のつながりを生み出しつつ、それぞれの地域に根ざした個別具体的な歴史叙述を、歴史学における研究活動として積極的に位置づけようとしていることである。

なお平川は、市民が求めているのは「学会にしか通用しない、こむずかしい理屈」ではなく、身近な人々や地域の出来事をつうじて歴史認識を深め、地元への愛着を育み、自らがいる歴史的位置を再確認することだと指摘した(平川・二〇一四)。上述の地域誌や大字誌は、被災した住民たちがまさにこのようなことを要望した結果として生まれたのだともいえる。

これまで「東北」をフィールドにして展開してきた歴史研究は、確かに多くの史実を明らかにし、人間社会を考える上での論点を示してきた。一方で、それらの成果、さらにはそれを踏まえた研究者による自治体史の叙述だけでは、各地で暮らす人々の要望には十分に応えられない、ということを浮き彫りにしたといえる。ともすれば「事例紹介」と片付けられてきた、その地域ごとの史料や問題意識を踏まえた歴史叙述が求められているのは、東日本大震災の被災地だけではない。今後の各地での取り組みはもちろん、それを正当な研究として評価する姿勢が求められる。

†史料レスキューの可能性――人を結びつけ、人を支援する

地域の史料の保全が、モノの保全や歴史叙述の過程を通じて多様な主体を結びつけることの意味を考察しようとする取り組みもなされている。

市澤哲は、兵庫県での地域の歴史をめぐる協働の経験を踏まえ、社会学での成果を援用しながら、多様な属性をもつ人々を「弱い紐帯」で結び、そのネットワーク全体を豊かにするような社会関係資本(ソーシャル・キャピタル)の形成につながる人々の関係を構築する営みとして位置づけた(市澤・二〇一三)。そのことは、「地域の歴史の掘り起こし」にとどまらない、新しい歴史像を切り拓いていく可能性を秘めていると指摘していた。

東日本大震災を経て、このような関係性に対して積極的な評価がなされている。福島で史料レスキューを続ける阿部浩一は、原発被災地において失われた地域と住民の関係を再構築し、断絶した「過去」と「日常」をつなぎ合わせて「未来」へ結びつける上での重要性を強調する

（阿部・二〇一九）。大門正克は岩手県陸前高田市の住民との交流から、資料は人々に使われるだけでなく、人々を支える側面があるとした（大門・二〇一六）。これらの指摘は、史料や歴史を通じて現れる社会関係を、歴史学の方法論として位置づけていこうとする問いでもある。

一方で、歴史学を超えて、災害を経験した個人や社会への支援として積極的に位置づけようとする指摘もある。一二年前の震災は、「レジリエンス（resilience）」という言葉を広めるきっかけともなった。歴史学者のJ・F・モリスや心理学者の上山眞知子は、海外の心理学者や社会学者の研究を踏まえ、レジリエンスとは個人や社会が困難を「跳ね返す力」や「能力」ではなく、個人を取り巻く大小様々な「システム」（体内機能、家族や仲間、学校や地域社会、地方自治体、国の政策）の相互作用の結果として表れるものだとする。それを育むのは、他者や他の集団との関係性の多様さと豊富さ、すなわちソーシャル・キャピタルである。宮城も含めた史料ネット活動では「身近な文化遺産」である史料の保全を通じて、所有者とその周辺に絶えず新しい人間関係が創出され、それによって関わる人々すべてのレジリエンスを高めていると評価する。現在の国際機関における災害・紛争支援では、被災者の日々の営みに溶け込ませた形で社会関係を回復させることを通じて心理的な支援を同時に成し遂げようとする「心理社会的支援」が潮流となっており、日本での史料レスキュー活動をその実践として積極的に発信することも提起している。

史料を災害から救うという営みは、人々を結ぶ役割を果たし、さらにそのことが被災した人への支援となり、災害に強い社会を作る可能性も指摘されている。とすれば、歴史研究者に求められるのは、地域の史料保全に、その社会の一員として積極的に関わることだといえるだろう。

†地域の歴史に関心を持つ方々へ——宮城被災地からのメッセージ

東日本大震災以後の一二年間にも、日本列島各地では大規模な自然災害が繰り返し起こった。宮城では東日本大震災で被災した史料への対応がまだ終わらない中で、次々に地域に残された史料が被災している。また、古文書を個人で管理しきれなくなった所蔵者からの相談も相次いでいる。目前に迫る消滅の危機を一時的に凌ぐのに精一杯というのが、私の率直な実感である。

一方で、あれだけの経験を経ても、日本の地域社会に残る史料の救済活動は、「居合わせた者たちの善意頼み」であることに変わりはない。その状況が、劇的に変わることもなさそうである。なので、私も、この文章を目にする人々の善意に訴えたい。

日本列島に残る古文書その他の史料は、いまや大量消滅の危機に瀕している。一方で、それらを守っていきたいと考える人々が、各地にいる。どうか、身近な地域、縁ある地域で史料を守り、それらが語る歴史を将来に伝える輪に加わってほしい。一二年前に被災した各地で、歴史を、故郷を失った人々の悲嘆をともに経験した、一人の人間からの願いである。

参考文献

奥村弘「なぜ地域歴史資料学を提起するのか――大規模災害と歴史学」
平川新「歴史資料を千年後まで残すために」
阿部浩一・本間宏「歴史資料保全における福島県の課題」
以上、奥村弘編『歴史文化を大災害から守る　地域歴史資料学の構築』東京大学出版会、二〇一四年所収
阿部浩一「歴史資料保全活動の意味と可能性を問いつづける――ふくしま歴史資料保存ネットワークの活動を通じて」大門正克ほか編『「生存」の歴史と復興の現在』大月書店、二〇一九年
大門正克「人びとの「生存」をささえる資料と歴史――三・一一後の東北でのフォーラムの経験から」神奈川地域資料保全ネットワーク編『地域と人びとをささえる資料――古文書からプランクトンまで』勉誠出版　二〇一六年
西村慎太郎「近世村方文書の保存と管理」佐藤孝之・三村昌司編『近世・近現代　文書の保存・管理の歴史』勉誠出版、二〇一九年
奥村弘『大震災と歴史資料保存』吉川弘文館、二〇一二年
平川新「災害「後」の資料保全から災害「前」の防災対策へ」『歴史評論』六六六、二〇〇五年
東北地方太平洋沖地震被災文化財等救援委員会編『平成二三年度活動報告書』（二〇一二年）および『平成二四年度活動報告書』（二〇一三年）

https://www.tobunken.go.jp/japanese/rescue/report/index.html
高橋陽一・もみじの会編『小畑富蔵「西国道中日記」――江戸時代の旅、仙台からのお伊勢まいり』蕃山房、二〇一九年
平川新「よみがえるふるさとの歴史」シリーズの刊行にあたって」『よみがえるふるさとの歴史』シリーズ全一〇巻（蕃山房）趣旨文、初出二〇一四年
佐藤大介『大災害からの再生と協働――丸山佐々木家の貯穀蔵建設と塩田開発』蕃山房、二〇一六年
菅野正道『海辺のふるさと――仙台東部沿岸地域の歴史と記憶』せんだい3・11メモリアル交流館、二〇二一年
岡浩平・平吹喜彦編『大津波と里浜の自然誌』蕃山房、二〇二一年
（福島県浪江町）大字請戸区『大字誌　ふるさと請戸』蕃山房、二〇一八年
西村慎太郎・泉田邦彦編『大字誌　両竹』蕃山房、二〇一九年～二〇二二（既刊四冊）
富岡町教育委員会編『小良ヶ浜』蕃山房、二〇二二年
門馬健「「記憶資料」の保全活動　全町避難から始まった富岡町の聞き取り事業」『BIOCITY』八五、二〇二一年
奥村弘「歴史資料の保全と活用」『岩波講座　日本歴史　第21巻・史料論』岩波書店、二〇一五年
西村慎太郎『『大字誌浪江町権現堂』のススメ』いりの舎、二〇二一年
市澤哲「地域歴史遺産と地域連携活動」神戸大学大学院人文学研究科地域連携センター編『「地域歴史遺産」の可能性』岩田書院、二〇一三年
J・F・モリス「歴史資料保全活動がなぜ、災害に強い地域づくりに貢献できるか」
上山眞知子、佐藤正恵、一條麗香、J・F・モリス「歴史資料レスキュー活動が持つ心理社会的支援の可

能性――PAC分析を用いた事例の検討による考察」
以上、『歴史資料保全と災害支援試論　モノの保全から人・コミュニティへの心理社会的支援へ』（東北大学機関リポジトリ、二〇二一年四月第三稿、http://hdl.handle.net/10097/00129482）

第15講 〔特論〕東日本大震災と地域社会
——福島県双葉郡富岡町の原発立地から全町避難を考える

門馬 健

†複合災害と富岡町

福島県富岡町は福島県沿岸部のほぼ中央に位置し、二〇一一年（平成二三）に事故を起こした東京電力福島第一原子力発電所（以下、「第一原発」）から一〇キロメートル圏に二つの町場を持つ。町南端には東京電力福島第二原子力発電所（以下、「第二原発」）を有し、東日本大震災以前は原発関連産業が地域経済を支え、就業先としても大きな割合を占めた。

富岡町は、東日本大震災で最大震度六強を記録。津波は最大波高で二一メートルを超えたとされ、二四人が死亡。その上、第一原発事故が地域に深刻な影響を及ぼした。第二原発はかろうじて深刻な事故は回避されたものの、震災直後は楽観視できる状況ではなかった。

二〇一一年三月一二日午前六時、富岡町は国・福島県からの直接的な避難指示を待つことなくテレビやラジオの報道から一万六〇〇〇人の全町民の避難を決定した。否、決定せざるを得なかった。以後、丸六年間にわたり全町域が避難指示となった。二〇二一年一二月三一日現在にあっても、小良ヶ浜・深谷などの地区は避難指示が続く。法律で立ち入りが制限されている地域が、この日本国内には存在する。

富岡町を襲ったのは、地震、津波の自然災害と、原発事故の影響拡大――大地の放射能汚染、家屋の荒廃、飼育動物の野生化と野生動物による被害、そして全住民の離散による地域コミュニティの喪失――がもたらした原子力災害である。この原子力災害は、地域における生産活動を強制的に断ち切り、長い間培われてきた文化や習俗の再生産を極めて困難な状況に追いやった。地域住民が長らく不在になり、福島県指定重要無形民俗文化財の麓山《はやま》神社の火祭りや諏訪神社、四十八社山神社の神事・浜下り行事のような祭り・行事などは存続に苦心している。町内各地の寺社・堂宇・祠・石仏などを介した集落レベルの行事は尚更である。また、行事の拠点たる寺社・堂宇・祠・石仏の維持・管理は難しく、そもそも石仏・石塔などの所在自体が確認できず且つ継承されていない危険すらある。

二〇一六年度、町が郡山市で開いた行政区長会で、ある区長がこう言った。「インフラが整備されただけでは本当の復興ではない。地域のお祭りや行事が以前のようにできて初めて生活できるのだ」と。この区長の指摘は、堂宇の継承や祭りをきっかけにした交流が「日常」を生きる住民にとっていかに大切であったのかを浮き彫りにした。原子力災害が奪った最も大きなものは、地域コミュニティそのものである。

†大規模災害からの地域性保存

一般論として、大規模災害被災地は災害を大きな契機に地域の歴史・文化を振り返る、あるいは未来に残しつなげようとする傾向にある。それは阪神・淡路大震災後に神戸大学を中心として始まった歴史資料ネットワーク（通称・史料ネット）の活動が全国的に広がった事実を見ても明らかであろう。東北地方では宮城歴史資料保全ネットワークが二〇〇三年（平成一五）の宮城県北部地震以後、東日本大震災や余震で被災した歴史資料の保全を先導してきた。東日本大震災前年の二〇一〇年にはふくしま歴史資料保存ネットワークが発足、三・一一以後の福島県内で資料保全活動に奔走している。

富岡町は二〇一四年、全町避難で「住民不在」の地域の歴史・文化をつなぐために、地域資料や震災遺産の保全から始めようと富岡町歴史・文化等保存プロジェクトチーム（以下「歴文PT」）を発足。建物を解体し面的に放射性物質を除去する「解体除染」などで取り壊す建物から、近現代を中心に三万数千点の地域資料を保全してきた。福島大学やふくしま歴史資料保存ネットワークの助けを借りながら整理を進めている。そして資料保全活動を通じて地域の成り立ちを明らかにし、〝複合災害〟を地域史に位置づけるための資料継承・研究拠点として「とみおかアーカイブ・ミュージアム」（以後、「ミュージアム」）を開館した。

1955	現富岡町誕生（旧富岡・旧双葉町合併）
1956	富岡町、地方財政再建団体に指定
1967	第2原発誘致開始（翌年立地決定）
1982	第2原発一号機運転開始
1985	第2原発三号機運転開始
1989	第2原発三号機水漏れ事故
2011	東日本大震災・福島第1原発事故 第2原発は一次電源喪失も冷温停止

「ミュージアム」は収蔵資料五万点、常設展示資料四三〇点の博物館だが、収蔵資料の七割は全町避難後の保全資料である。地域の歴史を明らかにするためには、行政が持つ史資料だけではあまりに不十分である。民家や事業所などこそ、地域史をより詳細に明らかにし得る資料が継承されてきた〝現場〟である。

ところで、原子力災害は長い期間の全町避難をもたらし、地域性そのものを滅失・変質させた。景観の日々の変化も著しく、町域は津波の来なかった内陸部でさえも更地化を強いられた。山林の多くは除染の見通しが立たず、人口の回復には時間を要する。そもそも震災以前の「日常の営み」の再現は不可能であり、震災以前の地域性の記録保存——特に記憶・経験——は、鬼籍に入る人びとが増える中で困難を極めている。原子力災害の深刻化は未だ現在進行形の問題である。

他方で、複合災害を地域史に位置づけようとすれば「なぜ原発が双葉郡に設置（誘致）されたのか」という課題設定は避けて通れない。そしてそれは、富岡町を含む双葉地域の近世以降の歩み——近世の開発、近代の産業勃興、戦後の地域経営、高度成長、平成の歩みなど特に地域経済面――を明らかにすることに他ならない。

原発誘致には地域ごとの理由と経緯、葛藤があり、正負双方の影響をもたらした。そして原発立地後の地域は原発との共存・依存関係を維持・強化させ、原発自体も震災直前まで「日常」の生産活動を支える大きな要素として存在し続けた。

誘致自体は地域経営の一メニューとして受け取ることもできる。他方で、原発関連産業に依存せざるを得ない地域構造への変化、守られ尊重されなければならなかった誘致時の約束事などの存在も諸書が指摘する通りである。なかでも鎌田慧は、富岡町を含めた現地取材から、福島第二原発立地に関する方法論への問題を提起している（鎌田・二〇〇六）。

大きな枠組みにおける福島県内の原発の位置づけや、立地経緯の詳細などは諸書にゆずる。その上で本講では富岡町に焦点を当て、「地域側の受け止め」「地域側の視点」を軸に、主に震災後の資料保全活動から得られた成果を踏まえながら複合災害で顕在化したいくつかの論点を示したい。同時に原発立地に関して偏った叙述をしている『富岡町史』（全四巻、一九八六～一九八九）の問題も概観する。震災後、原発事故被災地の住民はどのように原発を受け止めているのか。管見の範囲内の反応を紹介する。

†富岡町の誕生と以後の産業構造

現在の富岡町は一九五五年（昭和三〇）、旧富岡町と旧双葉町の合併で誕生した。しかし翌年、地方財政再建促進特別措置法の適用を受けた。早い話が国が認めた赤字自治体という評価である。

『富岡町双葉町二町合併の効果の概要』（両町・双葉地方事務局発行、一九五四）は合併の理由を、二町とも将来性を欠き特有の「大財源」がなく発展性が期待できないためとする。『福島県双葉郡富岡町建設計画書』（富岡町・双葉町発行、一九五五）によれば、旧富岡町は約二五〇〇万円、旧双葉町は約二三〇〇万円の負債を抱えて合併に至ったようだ。旧富岡町側の負債が巨額なため、旧双葉町側の住民一二四七人（全住民数六二一五人）が旧富岡町側の負債が整理できるまで合併を見送るよう何度も陳情をあげている。

第二原発立地以前の富岡町の基幹産業は農林業を中心とした一次産業だった。一九六八年の純生産額は一次産業全体で約七億八〇〇〇万円、三次産業のうち電気・ガス・水道業が約三七〇〇万円。八〇年には一次産業全体が約一一億一五〇〇万円に対し電気・ガス・水道業は約四二億五八〇〇万円と規模が大幅に逆転している。

戦前の主要産業をみると、農林業のほかに生糸・絹織物を中心とした軽工業、レンガ生産による窯業、畜産業、漁業、僅かながらの塩業などがあった。農家は専業がほとんどだったが、一九七〇年代以降、会社勤務との兼業が急拡大した。タイミングとしては原発の誘致・立地の時期と符合する。小良ヶ浜地区住民への聞き取り調査によると、原発建設・立地に伴い増加していった建設業やサービス業などとの兼業が増加したという。実際、一九五〇年に約五五〇戸の専業農家は、二〇年後の七〇年には一〇〇戸を割った。農業人口は一九五〇年には八〇〇〇人を超えていたが七〇年には六〇〇〇人強で、専業農家の兼業化が進んだことが数字上も窺える。

ところで、町民人口の変化は原発誘致に大きく影響したと考えられる。一九五五年、合併直後の人口は一万二九一三人、六〇年には一万一六一四人と約一割が減少している。これは、高度成長期に入り富岡町内からいわゆる「金の卵」と呼ばれた一〇代の若年層が都市部に流出したことが主な要因とされる。地域の将来を担う若者の流出は町行政を含めた住民の問題意識をあおり、加えて農家の出稼ぎ労働者の存在は地域における経済上の課題であり続けた。震災後の町民への聞き取りでは、原発誘致の正の効果として「出稼ぎ者が減ったこと」という見解が得られている。地域への新たな産業の創出・誘致は人口対策上、行政や住民が必要性を認めていた証左といえよう。結果、一九八五年には人口が一万五八九五人となり、震災前年の一万六〇〇三人へと微増していった。町財政にも原発立地は大きな潤いをもたらした。

†『富岡町史』に見る原子力発電所と諸問題

『富岡町史』（別巻、一九八九）では基本的に原発立地を歓迎する記述で統一されている。確かに町財政としても地域経済全体としても潤ったことに間違いなく、震災後の町民への聞き取りでも歓迎する言葉が多い。『町史』では電源開発促進税法、電源開発促進対策特別会計法、発電用施設周辺地域整備法（いわゆる電源三法）に基づく交付金や大規模償却固定資産税、発電所稼働に伴う諸税などにより財政状況が好転し、公共施設整備、福祉向上などが進んだとする。また就労の場の確保、町民個人所得の上昇を指摘。町のマークである町章は「無限に発展するエネルギーを象徴したものである」と結んでいる。

原発立地の要因を考えるには、近世から戦後までの地域経済を考える必要がある。富岡町域は、近世に新田開発が進み、天保期には一〇の新田村が成立。明治・大正期には生糸による軽工業とレンガを中心とした窯業が興った。また灌漑施設整備による安定的な農業用水供給と耕地整備を図るなど一次産業面の強化も進められた。しかしアジア・太平洋戦争前後の地域経済が苦境に喘いだのは先述の通りである。

そのような状況下で地域経営のために原発は誘致され、実際に人口増や財政健全化などにつながった。しかし町史には記載されていない事実もある。

住民からの聞き取りでは、第二原発誘致時に町内で誘致反対の運動があったとされる。前出の鎌田は丹念な聞き取りをもとに、特に第二原発に近い毛萱地区で展開された反対運動について書いているが『町史』には記されていない。「ミュージアム」には直筆原稿を含め町史編纂時の資料が数多く残されているが、その中にも反対運動の関連資料は見当たらない。そして毛萱地区は東日本大震災で津波被災を受け、毛萱観音堂を除いて全ての建物が失われてしまった。このため、地域に残る資料ベースでの検証ができない事態に陥っている。なぜ反対運動の存在はきちんと位置づけられなかったのか。国や電力会社との関係から地域としてタブーだったのか、反対運動を軽視したためなのか、本音を知る術が今となっては失われてしまった。

誠意を持って地域史を描くのであれば、反対運動も同時代史料を使って叙述されるべきであった。加えて町史編纂時には町内の民間所在史料の悉皆調査が行われず、かつ在地の史料の引用・使用が少ない。このためにテーマごとの叙述内容の濃淡が激しい。そして自治体史にもかかわらず、地域の自立的な成り立ちや地域史的視点からの周辺地域との関係形成の分析がなく、中央といかに関わることができたかを必要以上に強調した「中央あっての地方」の視点に終始している。原発立地に限らず、史料批判に基づいた叙述が少ないこと、自然史系の記述が少なく、自然環境についての記録が極めて不十分な問題も指摘できよう。

震災後の資料保全活動で、民家から『富岡町史資料』という表題の厚紙が表紙になった史料綴りをいくつか発見した。このことから、町史編纂史料の多くは同様の形で所有者に返却されたようだ。その複写や筆写史料が町側に残っていないことから、実際は相当量の失われた既返却史料があることも考えられる。原発誘致の同時代を経験した人びとが生きている今、聞き取りを中心とした記憶資料の保全が急務である。

†地域資料保全活動から見える富岡町

二〇一四年(平成二六)、富岡町内の地域資料保全を始めた直後、『富岡町復興計画(第二次)』策定会議の中で町民委員数人から発せられた印象的な言葉があった。同計画は、公募町民四〇人、二〇~三〇代の役場職員四〇人弱が複数グループに分かれ、一〇〇時間以上の対話・議論を重ねて作り上げられた。そのワークショップで「富岡町には歴史がない」という発言が相次いだ。よくよく話を聞くと、多くの委員は「城下町ではない富岡町は歴史を感じにくい」と受け止めていることが分かった。震災以前に地域の成り立ちや歴史・文化を学ぶ機会が乏しかったことが窺えた一幕である。徳竹剛は論文で、地域の歴史・文化の保存継承に関して住民意識が極めて重要であると説いている。ナショナルヒストリーではなく、自分が生きる「地域」の性格を知り考える機会は、震災前の富岡町に限らず多くはないのだろうと思量する。

さらに資料保全を進める中で気になったのが、近世以前の史料が著しく少ないことである。

保全活動は約八〇件行った。町内で由緒が近世以前に遡れる家は三〇軒を超えるが、一点以上近世資料を保全できた家はわずか六軒。これは震災直前時点で古い民家がほぼなくなっていたことと無関係ではない。

二〇一四年以降、歴文PTは町内のパトロールを繰り返し、解体予定の家や旧家などをリスト化、地図に落とし込む作業を行った。住民不在で外からの目視に頼らざるを得ず厳密な調査とはいえないが、大正期以前の建物は数軒に止まった。一九八〇年代以降、九〇年代に入ってからの建物もかなりの数を占めた。

これには町民の就業構造と可処分所得の変化が反映されていよう。家の建て替えは、古文書や古写真などの歴史資料が失われるリスクを伴う。また古い建物がつくりだす景観も失われる。近世の宿場だった中央商店街が一九八〇年代に区画整理されたこともひとつの要因かもしれない。いずれも変化が起きたであろう時期に鑑みれば（特に第二）原発の立地の前後と符合する。これも良い悪いではない。より暮らしやすい環境を求めるのは当然のことである。他方で、地域の成り立ちを物語る史料の残りが、決して良い訳ではない事実もある。

現在を生きる人びとの「意識」をつくりあげてきたのは、生活環境と教育であろう。「富岡町には歴史がない」という住民意識と無関係ではないであろう地域資料や建造物の現存状況に、一九七〇～八〇年代以降の地域経済における構造変化の影響が感じられる。

†震災後の町民の受け止め

では、原発立地前後と震災を生きてきた住民たちは、原発の存在と震災後の今をどのように受け止めているのか。二〇一六～一九年に行った、町民など約一二〇人への聞き取り（以下「聞き取り事業」）と、二〇一八～二〇年に行った小良ヶ浜行政区（二二年現在も帰還困難区域内）の住民一二人への聞き取り（以下、「小良ヶ浜事業」）の成果からみてみたい。聞き取り事業は二〇～九〇代の男女一二三人（比率七：三）、小良ヶ浜事業は六〇～九〇代の男女一二人（比率三：一）に行った。

原発立地に対して多かったのは、①就業先ができたことで出稼ぎがなくなったこと②若年層が都市部に流出せず卒業後も地元に残るか、修学で町外に出ても就職時に戻ってくること③可処分所得が増大したこと④事故対応（姿勢・方法含め）への批判――などだった。印象的なのは、事故そのものや事故後の企業としての姿勢、賠償を含めたその後の対応への批判を痛烈に加えつつも、事故以前の東京電力を一方的に批判できないと感じている人びとの多さである。原発誘致前後よりも後の時代、行政側の推進施策や事業者側のアプローチなどが奏功し、原発の存在が「当たり前」になった後の地域（経済・社会）構造を生きてきた人びとにとって、原発は単純に批判されるだけの問題にはなり得ないのだろう。

「やっぱり原発と共に生きてた町なんですよね。原発が来たからこそ、経済的に豊かになったっていう事実もあるわけですよ。やっぱりそれは否定はできないし、原発が悪い悪いっていっても、いやそうかな？　って俺は思ってしまう」（四〇代・男性）というような言葉が相当数から聞かれた。そして別の町民は「町民の七割が何らか携わってますからね、発電所には。だから東電の悪口を言うっていうのはご近所の悪口言ってるようなもんなんで」（四〇代・男性）と振り返る。地域住民の目線では、ふるさとを強制的に追われた人災を受けてもなお、複雑な思いが渦巻いているようだ。原発誘致の方法論や原発依存型の地域構造への批判と、人びとの意識・暮らしへの是非を一緒にして論じることができないことを住民の言葉が物語っている。

†「地域」でこれからを生きるために

歴史学は、現在の問題意識を持ちつつ、検討する史料の時代背景・価値観を踏まえて論点を導き、設定課題について考える学問であると思う。当事者・利害関係者が生きている中で、いつできるのかは別として、原発誘致前後の地域状況と震災後、地域再生を目指す現在を題材にした歴史研究は重要である。そのために地域での資料保全活動は欠かせない。

原発事故によって地域が収奪されたのはコミュニティそのものだと述べた。かつて原発誘致前後に地域経済が活性化し町内人口が増大していた頃は、原発関連産業の労働者は歓迎ムードで受け入れられた。しかし震災後の状況を見ると、地域コミュニティの形成にはもう少々時間が必要に思われる。二〇二二年（令和四）四月一日現在で一八〇〇人強の町内への居住届け出がある。全員が震災以前からの住民という訳ではない。しかし震災後のいわゆる「復興事業」のために地域で働く人びとと、震災以前からの住民の間で積極的で充分な交流が図られていけば、新たな地域社会が構築できるかもしれない。

町は、ふるさとに愛着を含めた複雑な感情を抱きながら、避難先・移住先で暮らす人びとを大切にすると『富岡町復興計画（第二次）』において位置づけた。他方で二〇一七年（平成二九）以降、町内で暮らし始めた人びともまた地域を作り上げている大切な存在である。同計画では「新しい仲間」との共存もうたっている。

全町避難という形で、強制的に地域での生産活動がリセットされてしまったがために、町内におけるコミュニティの再構築にはまだまだ時間が必要だ。認定こども園、子どもの屋内遊び場、町立学校の再編など、子どもたちを取り巻く環境、子育てインフラが整いつつある今、地域コミュニティの再構築は今後の地域を担う子どもたちに期待されるところも大きい。子どもに過去の問題を押しつけず、大人はいかなる意識で日常を生きるべきか。一人ひとりのリテラシーが問われる。

参考文献

今井照・朝日新聞福島総局編著『原発避難者「心の軌跡」』公人の友社、二〇二一年
岩本由輝『東北開発120年（増補版）』刀水書房、二〇〇九年
大門正克ほか編『「生存」の歴史と復興の現在　3・11分断をつなぎ直す』大月書店、二〇一九年
開沼博『「フクシマ」論――原子力ムラはなぜ生まれたのか』青土社、二〇一一年
河西英通『東北史論――過去は未来に還元する』有志舎、二〇二一年
鎌田慧『日本の原発地帯』新風舎文庫、二〇〇六年
高橋哲哉『犠牲のシステム　福島・沖縄』集英社新書、二〇一二年
徳竹剛「地域資料の継承と歴史意識」『行政社会論集』三一巻二号、福島大学、二〇一八年
富岡町教育委員会編『小良ヶ浜』富岡町教育委員会、二〇二二年
中嶋久人『戦後史のなかの福島原発――開発政策と地域社会』大月書店、二〇一四年
『BIOCITY』八五号、ブックエンド、二〇二一年
歴史学研究会編『歴史を未来につなぐ「3・11からの歴史学」の射程』東京大学出版会、二〇一九年

さらに詳しく知るためのブックガイド

*本書は近世・近現代の東北史を最新の研究成果を存分に踏まえて叙述されているが、必ずしも包括的なものではない。そこでここでは、東北の近世・近現代史をさらに広く深く学ぶための図書を紹介する。本書の性格上、原則専門書は除き、比較的入手しやすい一般書等から選んだ。本書を手掛かりとして、読者各自の興味関心によって気軽に手に取ってみていただきたい。

豊田武編『東北の歴史』全三巻(吉川弘文館、一九六七〜七九年)は、東北地方の歴史を幅広く取りあげた古典的著作であり、東北大学国史学科創設四〇周年を記念して刊行されたものである。全三巻のうち中・下巻がそれぞれ近世・近代史を取りあげている。

高橋富雄『東北の歴史と開発』(山川出版社、一九七三年)は、東北大学教養部で教鞭を執った著者が東北の歴史を通史的かつ包括的に取り扱う。単独の著者によるまとまった通史はいまだ類を見ない。

渡辺信夫編『東北の歴史再発見』(河出書房新社、一九九七年)は、国際的・学際的な観点を交えたユニークな東北史を展開する。

東北学院大学史学科編『歴史のなかの東北』(河出書房新社、一九九八年)は、同大教員による東北研究を集めたもので、その視角は東アジアにまで及ぶ。さらに同大では通史的に叙述したテキストである『大学で学ぶ東北の歴史』(吉川弘文館、二〇二〇年)も刊行している。

沼田哲編『「東北」の成立と展開』(岩田書院、二〇〇二年)は、北からの視点をもとにした北東北の諸相について、近世・近現代を通覧する。

長谷川成一監修『北方社会史の視座』全四巻(清文堂出版、二〇〇七〜一四年)、入間田宣夫監修『講座

東北の歴史』全六巻（清文堂出版、二〇一二〜一四年）。前者が「津軽海峡域」を中心とする北東北・道南を、後者が南東北を対象に、多数の研究者による多面的・総合的な地域像の構築を図る。『東北史を開く』（山川出版社、二〇一五年）は、二〇一四年の史学会・東北史学会・福島大学史学会合同シンポジウムの成果をまとめたもので、日本に限らぬ広域的・多面的な東北のすがたを歴史的に位置づける。

*広大で多様な東北のすがたを一口に語るのは難しい。県単位のシリーズには、古くは東北独自の先駆的な動きとして東北史学会編『東北の歴史叢書』全六巻（一九五二〜五四年、東北出版）があるが、その後各種刊行されている。

『図説　日本の歴史』シリーズ（河出書房新社、一九八七〜九八年）は、その名の通り、豊富な写真や図を含み、大判な判型と相まってビジュアルな通史である。

『県史』シリーズ（山川出版社、二〇〇〇〜一五年）。新旧二回刊行されているが、ここでは新版をあげる。古代〜近現代までを通貫しつつ、ハンディで、必要な情報を網羅する。上記に加えて、近世・近現代を中心に据えたシリーズも刊行されている。

会田雄次・大石慎三郎監修『江戸時代　人づくり風土記』（農山漁村文化協会、一九八七〜二〇〇〇年）シリーズは、各県の近世の歩みを県の特色を踏まえ、県ゆかりの人物にも焦点を当てて、平易に描く。

『街道の日本史』（吉川弘文館、二〇〇〇〜〇六年）は、全国に張り巡らされた街道に光を当てたユニークなシリーズであり、東北各地の諸街道も取り上げられている。

『県民100年史』（山川出版社、一九八二〜二〇〇五年）シリーズは、明治維新以降の東北を県ごとに概説する。なお、ここまでのシリーズ物はいずれも東北六県を網羅している。

『目で見るふるさと100年』シリーズ（郷土出版社、一九九〇〜二〇一五年）、『写真アルバム』『写真が語る』シリーズ（いき出版）は、各県をいくつかのブロックごとに分け、各地に残された豊富な写真史料を紹介する。

渡辺信夫編『宮城の研究』全八巻（清文堂出版、一九八三〜八七年）、小林清治編『福島の研究』全五巻（清文堂出版、一九八六年）。ハンディさに優れた類書に対して、「研究」の書名通りに各県の歴史を専門的な見地から取りあげている。

*県単位のシリーズには、『歴春ふくしま文庫』（歴史春秋出版）が福島県における歴史・文化・民俗を長年にわたって取りあげ、分厚い成果をなす。近年では、宮城県の『仙台・江戸学叢書』（大崎八幡宮）、東日本大震災の復興支援の一環である『よみがえるふるさとの歴史』（蕃山房）等もある。

これらに加えて、各県・市町村の自治体史が各地域に関する必読の文献である。戦前以来の蓄積があるが、近年の市町村合併の影響も考慮する必要がある。自治体史を読む際にはまずは通史であるが、さらなる理解のために史料編・史料集を紐解くこともお勧めする。

*続いて、近世・近現代それぞれの時代についての文献に触れる。まずは近世である。

「シリーズ藩物語」（現代書館）は、藩を単位として歴史・文化を平易に解説するシリーズであり、東北諸藩についても数多く刊行されている。

高橋充編『東北の中世史5　東北近世の胎動』（吉川弘文館、二〇一六年）は、中世の終焉から近世を迎える東北が直面したさまざまな変動を描く。

長谷川成一『北奥羽の大名と民衆』（清文堂出版、二〇〇八年）は、北奥羽に割拠した諸大名の成立と領内に生きた人々を追い、この地に生きることの意義を多角的に考察する。

渡辺信夫『みちのく街道史』『海からの文化』（河出書房新社、一九九〇・九二年）。日本交通史を牽引し続けてきた著者が、近世東北の陸海路の成立・展開と影響を活写する。

菊池勇夫『東北から考える近世史』（清文堂出版、二〇一二年）は、北方史・飢饉研究で豊富な蓄積を持つ著者が、北奥の文化面に軸を置いた独自の東北史像を構築する。

幕末・維新期の東北を舞台とした戊辰戦争について佐々木克『戊辰戦争』（中央公論社、一九七七年）、保谷徹『戊辰戦争』（吉川弘文館、二〇〇七年）がある。前者は敗者の視座から戦争の全容を包括的かつ平易に叙述し、後者は軍事・兵器の影響に力点を置く。


*さらに近現代では、以下の著作を挙げておきたい。

友田昌宏編『東北の近代と自由民権』（日本経済評論社、二〇一七年）は、東北各地に展開された自由民権運動を発掘し、近年停滞気味である自由民権運動の再評価と研究の活性化をめざす。

歴史教育者協議会東北ブロック編『語りつぐ　東北と十五年戦争』（三省堂、一九九七年）。東北地方の人々が体験した戦争を、主に民衆の視点から描き、軍都仙台、青森空襲、植民地の人びとの労働など、戦争の被害と加害を掘り起こしている。

山本和重編『地域のなかの軍隊1』（吉川弘文館、二〇一五年）。東北地方の軍都である仙台・弘前を取り上げ、市民生活と軍隊の関わりのなかで、軍隊が地域に密着する様子を明らかにしている。また、災害時の軍隊の役割にも触れている。

岩本由輝『東北開発120年』『東北開発人物史』『東北地域産業史』（刀水書房、一九九四・九八・二〇〇二年）。開発・経済の視点から近代東北を通観し、開発とそれによる変容を解明して、日本のなかで東北地方を位置づける。

河西英通『東北』『続・東北』（中央公論新社、二〇〇一・〇七年）。近代日本における「東北」という言葉の変遷を手がかりに、東北像と自己・他者認識を明らかにする。なかでも東北の歴史的位置を後進性にとどまらず、帝国として海外に膨張する「日本」の「原境」として捉えている。

伊藤大介『近代日本と雪害』（東北大学出版会、二〇一三年）は、今なお東北地方が直面し続ける雪害が昭和初期に地域の問題として認識されて、その救済をもとめる運動が展開していく様相を明らかにするとともに、それが東北振興に吸収され満洲移民へとつながっていくダイナミズムを描く。

編・執筆者一覧

安達宏昭（あだち・ひろあき）【責任編集】
一九六五年東京都生まれ。立教池袋中学校・高等学校教諭等を経て、東北大学大学院文学研究科教授。『大東亜共栄圏――帝国日本のアジア支配構想』（中公新書）、『「大東亜共栄圏」の経済構想――圏内産業と大東亜建設審議会』（吉川弘文館）など。

籠橋俊光（かごはし・としみつ）【責任編集】
一九七二年茨城県生まれ。東北大学文学部助手、東北歴史博物館学芸員等を経て、東北大学大学院文学研究科准教授。『近世藩領の地域社会と行政』（清文堂出版）など。

＊

兼平賢治（かねひら・けんじ）【第1講】
一九七七年岩手県生まれ。東海大学文学部歴史学科日本史専攻准教授。『馬と人の江戸時代』（吉川弘文館）、『近世武家社会の形成と展開』（吉川弘文館）など。

清水 翔太郎（しみず・しょうたろう）【第2講】
一九八九年生まれ。秋田大学教育文化学部地域文化学科講師。「近世前期における国持大名家の縁組」（『日本史研究』第六八一号）、「一九世紀初頭の秋田佐竹家における大名・家臣関係」（『秋大史学』第六六号）など。

天野真志（あまの・まさし）【第3講】

一九八一年島根県生まれ。人間文化研究機構国立歴史民俗博物館准教授。専門は日本近世・近代史、資料保存。著書に、『幕末の学問・思想と政治運動』（吉川弘文館）、『地域歴史文化継承ガイドブック』（共編著、文学通信）など。

栗原伸一郎（くりはら・しんいちろう）【第4講】

一九七五年生まれ。東北大学大学院文学研究科助教。『戊辰戦争と「奥羽越」列藩同盟』（清文堂出版）など。

小幡圭祐（おばた・けいすけ）【第5講】

一九八三年宮城県生まれ。山形大学人文社会科学部准教授。『井上馨と明治国家建設』（吉川弘文館）など。

中野 良（なかの・りょう）【第6講】

一九七八年生まれ。新潟県出身。国立公文書館アジア歴史資料センター研究員。専門は日本近現代史。『日本陸軍の軍事演習と地域社会』（吉川弘文館）、『地域のなかの軍隊8　日本の軍隊を知る　基礎知識編』共著、吉川弘文館）など。

伊藤大介（いとう・だいすけ）【第7講】

一九七三年生まれ。東北学院大学教養教育センター助教。『近代日本と雪害』（東北大学出版会）など。

加藤　諭（かとう・さとし）【第8講】
一九七八年生まれ。東北大学学術資源研究公開センター史料館准教授。専門は日本近現代史、アーカイブズ学。『戦前期日本における百貨店』（清文堂出版）、『大学アーカイブズの成立と展開――公文書管理と国立大学』（吉川弘文館）など。

井上拓巳（いのうえ・たくみ）【第9講】
一九七九年生まれ。千葉県出身。さいたま市教育委員会学芸員。『荒浜湊のにぎわい――東廻り海運と阿武隈川舟運の結節点』（蕃山房）、「仙台藩廻米体制と穀宿」（『地方史研究』第四〇七号）など。

澁谷悠子（しぶや・ゆうこ）【第10講】
一九八二年宮城県生まれ。弘前市教育委員会高岡の森弘前藩歴史館学芸員。「墓石の普及と地域性――北海道・東北地方」（『季刊考古学』第一四九号）、『高岡の森弘前藩歴史館　名品図録』など。

高橋陽一（たかはし・よういち）【第11講】
一九七七年生まれ。奈良県出身。宮城学院女子大学学芸学部准教授。『近世旅行史の研究――信仰・観光の旅と旅先地域・温泉』（清文堂出版）、『古文書がつなぐ人と地域――これからの歴史資料保全活動』（東北大学出版会、共編著）など。

徳竹　剛（とくたけ・つよし）【第12講】
一九八〇年長野県生まれ。福島大学行政政策学類准教授。『政治参加の近代――近代日本形成期の地域振興』（清文堂出版）など。

手嶋泰伸（てしま・やすのぶ）【第13講】
一九八三年宮城県生まれ。龍谷大学文学部講師。「吉野作造の「憲政」及び「立憲」観」（『日本史研究』第六一四号）、「軍部批判にみる吉野作造の論理展開」（『日本歴史』第七七一号）など。

佐藤大介（さとう・だいすけ）【第14講】
一九七四年生まれ。東北大学災害科学国際研究所准教授。『少年藩主と天保の危機』（大崎八幡宮）、『大災害からの再生と協働』（蕃山房）、『気候変動から読みなおす日本史　第6巻　近世の列島を俯瞰する――南から北へ』（共編著、臨川書店）など。

門馬　健（もんま・たけし）【第15講】
一九八三年福島県生まれ。富岡町教育委員会。「地域の歴史・伝承博物館のいま――資料レスキューから生まれた歴史博物館『とみおかアーカイブ・ミュージアム』の資料保存と調査」（『博物館研究』第六五四号）、「京都守護職の創設前史――会津藩主の幕政進出と水戸藩」（佐々木寛司編『近代日本の地域史的展開――政治・文化・経済』岩田書院）など。

ちくま新書
1713

東北史《とうほくし》講義《こうぎ》【近世《きんせい》・近現代篇《きんげんだいへん》】

二〇二三年三月一〇日 第一刷発行

編　　者　東北大学日本史研究室（とうほくだいがくにほんしけんきゅうしつ）

発 行 者　喜入冬子

発 行 所　株式会社 筑摩書房
東京都台東区蔵前二-五-三 郵便番号 一一一-八七五五
電話番号〇三-五六八七-二六〇一（代表）

装 幀 者　間村俊一

印刷・製本　株式会社 精興社

Printed in Japan
ISBN978-4-480-07522-2 C0221

ちくま新書

1406 考古学講義 北條芳隆編
科学的手法の進展により新発見の続く考古学。その最先端をわかりやすく伝えるとともに、通説をそのままなぞるような水準にとどまらない挑戦的な研究を紹介する。

1300 古代史講義 ——邪馬台国から平安時代まで 佐藤信編
古代史研究の最新成果と動向を一般読者にわかりやすく伝えるべく15人の専門家の知を結集。列島史の全体像が1冊でつかめる最良の入門書。参考文献ガイドも充実。

1391 古代史講義【戦乱篇】 佐藤信編
日本の古代を大きく動かした15の戦い・政争を最新研究に基づき正確に叙述。通時的に歴史展開を見通すとともに、時代背景となる古代社会のあり方を明らかにする。

1480 古代史講義【宮都篇】 佐藤信編
飛鳥の宮から平城京・平安京などの都、太宰府、平泉まで古代の代表的宮都を紹介。最新の発掘・調査成果をもとに都市の実像を明らかにし、古代史像の刷新を図る。

1579 古代史講義【氏族篇】 佐藤信編
大伴氏、物部氏、蘇我氏、藤原氏から源氏、平氏、奥州藤原氏まで——各時期に活躍した代表的氏族の展開を、最新研究から見通し、古代社会の実情を明らかにする。

1378 中世史講義 ——院政期から戦国時代まで 高橋典幸 五味文彦編
日本史の先端研究者の知を結集。政治・経済・外交・社会・文化など十五の重要ポイントを押さえるかたちで中世史を俯瞰する。最新の論点が理解できる、待望の通史。

1485 中世史講義【戦乱篇】 高橋典幸編
『承久の乱』『応仁の乱』など重要な戦乱をめぐる最新研究成果を紹介。保元の乱から慶長の役まで、武士による戦乱の時代であった中世の歴史を一望に収める入門書。

ちくま新書

1469 近世史講義——女性の力を問いなおす　高埜利彦編

第一線の実証史学研究者が最新研究に基づき江戸時代の実像に迫る。特に女性が持った力と果たした役割を多角的に検証。通史としても読める全く新しい形の入門書。

1318 明治史講義【テーマ篇】　小林和幸編

信頼できる研究を積み重ねる実証史家の知を結集。20のテーマで明治史研究の論点を整理し、変革と跳躍の時代を最新の観点から描き直す。まったく新しい近代史入門。

1319 明治史講義【人物篇】　筒井清忠編

西郷・大久保から乃木希典まで明治史のキーパーソン22人を、気鋭の専門研究者が最新の知見をもとに徹底分析。確かな実証に基づく、信頼できる人物評伝集の決定版。

1589 大正史講義　筒井清忠編

大衆の台頭が始まり、激動の昭和の原点ともなった大正時代。その複雑な歴史を26の論点で第一線の研究者が最新の研究成果を結集して解説する。決定版大正全史。

1590 大正史講義【文化篇】　筒井清忠編

新たな思想や価値観、生活スタイルや芸術文化が生まれた大正時代。百花繚乱ともいえるこの時代の文化を、最新研究の成果を盛り込み第一級の執筆陣24名が描き出す。

1136 昭和史講義——最新研究で見る戦争への道　筒井清忠編

なぜ昭和の日本は戦争へと向かったのか。複雑きわまる戦前期を正確に理解すべく、俗説を排して信頼できる史料に依拠。第一線の歴史家たちによる最新の研究成果。

1194 昭和史講義2——専門研究者が見る戦争への道　筒井清忠編

なぜ戦前の日本は破綻への道を歩んだのか。その原因をより深く究明すべく、二十名の研究者が最新研究の成果を結集する。好評を博した昭和史講義シリーズ第二弾。

ちくま新書

1266
昭和史講義3
――リーダーを通して見る戦争への道
筒井清忠編
昭和のリーダーたちの決断はなぜ戦争へと結びついたのか。近衛文麿、東条英機ら政治家・軍人のキーパーソン15名の生い立ちと行動を、最新研究によって跡づける。

1341
昭和史講義【軍人篇】
筒井清忠編
戦争の責任は誰にあるのか。東条英機、石原莞爾、山本五十六ら、戦争を指導した帝国陸海軍の軍人たちの実像を最新研究をもとに描きなおし、その功罪を検証する。

1421
昭和史講義【戦前文化人篇】
筒井清忠編
柳田、大拙、和辻ら近代日本の代表的知性から谷崎、乱歩、保田與重郎ら文人まで、文化人たちは昭和戦前期をいかに生きたか。最新の知見でその人物像を描き出す。

1508
昭和史講義【戦後篇】上
筒井清忠編
実証研究に基づき最先端の研究者が執筆する『昭和史講義』シリーズがいよいよ戦後に挑む。上巻は占領期から55年体制の成立まで、全20講で幅広いテーマを扱う。

1509
昭和史講義【戦後篇】下
筒井清忠編
最先端の実証研究者による『昭和史講義』シリーズ戦後篇。下巻は55年体制成立以降、主に一九五〇年代後半から高度成長期を経て昭和の終わりまでを扱う全21講。

1665
昭和史講義【戦後文化篇】(上)
筒井清忠編
計7冊を刊行してきた『昭和史講義』シリーズの掉尾を飾る戦後文化篇。上巻では主に思想や運動、文芸を扱い、18人の第一線の研究者が多彩な文化を描き尽くす。

1666
昭和史講義【戦後文化篇】(下)
筒井清忠編
昭和史講義シリーズ最終刊の下巻では、戦後に黄金期を迎えた日本映画界を中心に、映像による多彩な大衆文化・サブカルチャーを主に扱う。昭和史研究の総決算。